판타지
톨킨, 루이스, 롤링의 환상 세계와 기독교

차례
Contents

사실주의 예술과 환상예술

예술은 두 가지로 대별해 볼 수 있다. 그 두 가지란 현실을 중시하는 예술과 상상을 중시하는 예술을 말한다. 한쪽은 대상 혹은 외부 현실에 대한 객관적인 묘사를 중시하고, 다른 한쪽은 자유롭고 창조적인 상상력을 중시한다. 이 세상을 모방하고자 하는 예술과, 현실이 아닌 다른 세계를 창조하고자 하는 예술로도 나누어 볼 수 있다.

영화를 예로 들어보자. 영화는 영사기를 발명한 프랑스의 뤼미에르 형제(Lumière, Louis et Auguste)가 1895년 파리의 그랑 카페에서 「공장을 나서는 노동자들」을 상영함으로써 시작되었다. 이들과 거의 같은 시기에(1896년) 마술사 출신인 멜리에스(Georges Méliès)도 프랑스에서 영화를 만들기 시작했다.

발명가와 마술사의 대조답게, 이들이 만든 영화의 경향 역시 대조적이었다. 뤼미에르 형제의 영화들이 사실주의적이라면, '영화의 마술사'라 불리는 멜리에스는 우주선을 타고 달로 여행을 떠난 과학자들이 지하 생물에게 붙잡혀 있다가 가까스로 탈출한다는 스토리를 지닌 공상과학영화 「달세계 여행」(1902)을 비롯한 우수한 환상적인 작품을 남겼다. 이들의 두 대립축은 후일 독일의 표현주의 영화(「노스페라투」「칼리가리 박사의 밀실」「메트로폴리스」 등)와 이탈리아의 네오리얼리즘 영화(「무방비 도시」「자전거 도둑」「흔들리는 대지」 등)에서 각각 꽃을 피웠다.

1920년대에 독일에서 유행했던 표현주의 영화는 현실의 외부적인 모습을 보여주기보다 인간의 감정, 즉 내적 실재를 표현하고자 하였는데, 이를 위해 극단적인 왜곡을 사용하였다. 표현주의는 주로 과거(「메트로폴리스」는 예외로서, 미래의 지하도시가 배경임), 이국적인 배경 또는 환상이나 공포의 요소를 포함하는 서사를 위해 사용되었다.[1]

반면에 제2차세계대전 직후 이탈리아에서 일어난 네오리얼리즘은 전쟁 직후의 현실을 있는 그대로 묘사하고자 노력하였다. 네오리얼리즘의 대변인 격인 시나리오 작가이자 영화 이론가인 자바티니(Zavattini)는 사람들이 행하는 바, 실재하는 것을 있는 그대로 숙고하게 만드는 것이 예술가의 과업이라고 밝히고 있다. 그래서 네오리얼리즘 영화는 "허구적인 토대보다는 사실에 입각한 토대" 위에서 이루어졌다.[2] 즉, 네오리얼

리즘 영화는 지금 여기서(hic et nunc) 일어나는 사회적인 문제
들에 주된 관심을 기울였던 것이다.

사실주의적 요소와 환상적 요소, 표현주의적 요소와 네오리
얼리즘적 요소는 이렇듯 대조적이긴 하지만, 이들이 결코 양
립 불가능한 것은 아니다. 사실 영화 초창기부터 이 두 대립되
는 요소들을 결합하고자 하는 시도가 있었다. 뤼미에르와 멜
리에스 이후에 영화계에 등장한 프랑스의 루이 푀이야드(Louis
Feuillade)는 "있는 그대로의 현실과 공상을 적절히 섞으면서,
뤼미에르와 멜리에스를 결합해내고, 독자적인 몽환적 사실주
의를 만들어낸다."[3] 덴마크를 대표하는 영화감독 칼 드레이어
(Carl Theodor Dreyer) 역시 그의 대표작 「잔다르크의 열정」에
서 사실적이면서도 신비한 '사실적 신비주의'를 드러낸다. 그
의 리얼리즘은 현실 너머에 있는 영적인 세계를 환기시키고
있다.[4]

문학에도 사실주의(寫實主義, realism) 문학과 환상문학의
대립이 있다. 사실주의 문학은 현실을 있는 그대로, 객관적으
로 반영하고자 한다. 반면에 환상문학은 외부 현실보다는 인
간의 내면세계와 창조적인 상상력을 중시한다. 이 점에서 이
둘은 명확한 대조를 보인다. 그러나 이들이 완전히 동떨어진
별개의 것은 아니다. 어느 면에서 이들은 상통하기도 한다. 예
술가가 외부 현실을 아무리 객관적으로 묘사한다 하더라도 그
것은 거울이나 카메라처럼 대상을 복제해내는 것은 아니다.
묘사된 대상은 결국 예술가 자신의 미적 가치 판단에 따라서,

즉 작가의 상상력에 의해 재구성된 것이다. 반면에 작가의 자유로운 상상력에 의한 새로운 세계의 창조를 강조하는 경우에도 그 세계가 우리가 사는 이 현실 혹은 인간의 정신적 실재와 무관하다면 아무런 의미가 없다.

고대 그리스, 중세 기독교 사회를 거쳐 근대에 이르기까지, 서양에서 환상이 억압과 멸시를 받아온 것은 사실이다. 이성과 미메시스(mimesis)를 중시하는 서구에서 상상과 환상이 평가 절하되는 것은 당연한 현상이다. 아리스토텔레스에게 문학의 본질은 모방적인 것이며, 따라서 그는 모방적이지 않은 환상을 불신하고 비난하였다.[5] 또한 기독교 작가들도 알레고리, 로망스, 경건한 이야기 등에서 환상을 많이 사용하긴 하였으나, 환상과 미메시스 사이의 균형을 바로잡는 데는 전혀 기여하지 못했다. 널리 알려져 있는 환상은 하찮은 오락으로서 묵인되었을 뿐, 긍정적이고 독립적인 지위를 누려온 것은 아니었다. 그 결과 환상은 계속 주변 현상으로 간주되었다.[6] 르네상스기의 화가 레오나르도 다빈치도 회화를 "모든 가시적인 자연 작품의 유일한 모방자"로서 규정하면서, "재현되는 사물을 가장 닮게 그리는 그림이 가장 훌륭한 그림이다"라고 말했다.[7]

그러나 환상은 억압 가운데서도 면면히 이어졌다. 동양과 서양을 막론하고 오랜 역사에 걸쳐 양적으로 지배적인 위치를 차지했던 문학은 오히려 환상문학 계열이라 할 수 있다. 환상문학은 신화, 전설, 민담의 장구한 전통을 좀더 직접적으로 계승한 문학이기 때문이다. 고대 그리스의 경우 초자연적 요소를 지닌 이야기인 신화는 대개 문학을 통해서 전승될 수 있었다. 고대 그리스의 서사시와 희곡 작품은 신화를 후대에 전승시켜 준 주요 통로이다. 중세에도 환상적 요소가 충만한 로망스 문학이 여전히 환상문학의 전통을 이어갔다. 그러나 이러한 양적인 우위에도 불구하고 환상문학은 비이성과 광기를 담고 있다는 이유로 서양 문화에서 중심부의 자리를 차지할 수 없었다. 환상문학은 침묵을 강요당했으며, 부정적인 것으로 간주되어 왔다. 탈신비화 혹은 탈종교화로 특징지어지는 근대는 환상문학에게 가장 불리한 토양이었을 것이다. 실제로 서양에서 17세기 고전주의와 18세기 계몽주의를 거치는 동안 상상과 환상은 큰 억압을 받아왔다.

그런데 19세기 낭만주의 시대에 들어오면서 환상문학은 분출한다. 여기에 가장 많은 기여를 한 작가는 독일의 호프만(E.T.A. Hoffmann)이다. 그러나 이러한 분출은 또 다른 억압을 초래하게 된다. 사실주의 소설이 문학계의 주류로 등장함으로써 환상적 요소는 결정적으로 평가 절하되고 주변화되었다.

그러다 20세기에 들어와 사실주의의 이념으로 포착할 수 없는 요소들이 존재함을 알게 되었고, 이러한 인식의 토대에서 모더니즘이라는 새로운 사조가 형성된다. 사실주의가 현실의 삶과 사회 문제에 중점을 둔다면, 모더니즘은 인간의 내면세계와 삶의 근원적인 문제들에 치중하는 경향을 보인다. 모더니즘 작가들은 '의식의 흐름' '내면 독백'이라는 새로운 형태의 서사를 통해 자신의 내면세계를 깊이 성찰하게 된다. 그러나 모더니즘 작가들이 '리얼리티'를 포기한 것은 아니다. 대신 이들은 외부적 실재와 함께 내면적 실재를, 그리고 의식의 세계와 함께 무의식의 세계를 다룸으로써 리얼리티를 확대해 나갔다고 볼 수 있을 것이다.

레이먼드 윌리엄스는 1959년에 쓴 「리얼리즘과 당대 소설」이란 글에서 "현대 소설의 압도적인 다수에 있어 리얼리즘이라는 일상적인 판단 기준은 여전히 유효한 것이 분명"하다고 말한 바 있다. 윌리엄스의 이 말을 인용한 아이스테인손은 그로부터 30년도 더 지난 지금에 이르러서도 이 점은 마찬가지라고 지적하고 있다. "물론 리얼리즘이란 범주가 상대적으로 수정, 발전, 변모되었음을 인정해야 한다"고 아이스테인손은 덧붙인다.[8]

사실주의 문학을 택하느냐, 아니면 환상문학을 택하느냐의 문제는 작가의 취향이나 기질 그리고 문학관과 관련된 문제이지, 한쪽이 옳고 다른 쪽이 그른 것은 아니다. 기독교 세계관을 가진 작가가 '지금 여기에' 살아가는 사람들의 개인생활 혹은 가정생활, 시대적인 상황이나 사회의 문제에 대해서 사실적(寫實的)으로 묘사할 때 이는 기독교 사실주의 문학으로 연결된다. 반면에 환상문학을 선호하는 그리스도인 작가도 존재한다. 사실 영국 환상문학의 선구자들은 신실한 그리스도인들이었다. 존 번연(John Bunyan), 조나단 스위프트(Jonathan Swift), 조지 맥도널드(George MacDonald), G.K. 체스터턴(Gilbert Kieth Chesterton), 찰스 윌리엄스(Charles Williams), 톨킨(J.R.R. Tolkien), 루이스(C.S.

Lewis) 등이 바로 그들이다.

기독교 환상문학을 대
표하는 톨킨과 루이스 그
리고 이들의 위대한 스승
인 조지 맥도널드는 신화
나 옛이야기(fairy tales)의
양식을 즐겨 사용했다.

이들 그리스도인 작가
들이 그런 설화(說話) 양

영국 환상문학의 아버지
조지 맥도널드의 초상화.

식을 사용한 것은 기독교와 이들 설화가 모두 '다른 세계'에
대한 믿음을 공유하고 있기 때문이다. 이들은 인간이 갈망하
는 초월의 세계, 그리고 신성 혹은 신비를 다루기에는 사실주
의보다 설화 양식이 더욱 적합하다고 판단한 것이다.

한국 사회와 환상문학의 유행

사실 환상문학은 서양에서 뿐만 아니라 동양에서도 있었던 형식이다. 동아시아의 대표적인 환상문학 작품으로 중국의 『서유기』를 꼽을 수 있으며, 우리나라의 『구운몽』 『금오신화』 『홍길동전』 『전우치전』 등도 환상문학으로 분류될 수 있다. 그러나 우리의 환상문학 전통은 서구 문학의 도입 이후 잘 계승되지 못했다. 한국 문학도 서구에서 발전한 리얼리즘과 모더니즘이라는 양 진영에 편입되어 전개되었기 때문이다.

1980년대 후반 이른바 '6월 항쟁' 이후 우리 사회에서는 상당한 정도의 민주화가 진행되었다. 그리고 곧 우리는 소련과 동독을 비롯한 동유럽 공산권의 몰락 소식을 접하게 되었다. 국내외의 이 두 사건으로 인해, 우리는 오랫동안 우리 사회를 짓눌러 왔던 이데올로기의 질곡으로부터 벗어날 수 있게 되었다. 동시에 이 두 사건은 우리나라에서 사실주의를 현격히 약화시키는 계기로 작용하였다. 왜냐하면 사실주의는 소련을 중심으로 한 동유럽의 지배적인 문학 원리였으며,9) 또한 우리나라에서도 독재 정권 시절, 독재에 저항하던 진영 혹은 진보 진영의 지배적인 사조였기 때문이다.

사실주의가 약화된 뒤 우리 사회에는 지적인 진공 상태가 어느 정도 지속되었다. 그 진공을 헤치고 새로이 등장한 사상적 흐름은 포스트모더니즘이었다. 미국 유학을 마치고 귀국한 영문학자들에 의해 주도된 포스트모더니즘 논쟁은 곧 다양한 학문과 예술 분야에서 전개되었다. 물론 이 논쟁은 학자들을 중심으로 전개되었다.

1990년대에 접어들면서 우리나라의 대중문화 진영에는 거대한 변화의 물결이 몰려온다. 그 중심에는 PC 통신이 우뚝 서 있었다. 1992년에 천리안과 하이텔에서 PC 통신 서비스를 시작하면서, 우리 사회는 바야흐로 PC 통신 문화를 꽃피우게 된다. 우리나라에서 전개된 초창기의 환상문학은 PC 통신과 거의 그 맥락을 같이 한다. PC 통신 문학에서 가장 중요한 역할을 감당한 사람은 이우혁과 이영도이다. 이우혁은 1993년부터 "무심결에 PC 통신 동호회인 하이텔의 공포란에 글을 올리기 시작"했는데, 이 글은 이듬해 『퇴마록』 제1권으로 출간되었다. '귀신을 물리치는 퇴마사들의 모험 이야기'인 이 작품은 계속 이어져 2001년에 총 20권이 완간되었으며, 그동안

800만 부 이상의 놀라운 판매가 이루어졌다.

한편 이영도는 1997년부터 『드래곤라자』를 하이텔에 연재하기 시작했다. 이 작가는 엄청난 속도(5개월 만에 12권 분량)로 원고를 연재했고, 6개월 동안의 열람횟수는 90만 회를 상회하였다. 당시 독자들은 이영도가 원고를 전송하는 새벽 1시경이 되면 자다가도 잠자리에서 일어나 눈을 비비고 『드래곤라자』를 읽곤 했는데, 이를 두고 사람들은 그들을 좀비(되살아난 시체)라 불렀으며, 이영도는 좀비들을 불러일으키는 네크로맨서라 불렀다. 이우혁이 동양적인 주술에 바탕을 둔 작품을 쓴 데 비해, 이영도는 중세 북유럽풍의 배경을 무대로 드래곤, 엘프, 오크, 호빗, 트롤과 같은 북구 신화와 전설에 등장하는 종족들을 등장시켰다. 이영도의 폭발적인 인기에 힘입어 『드래곤라자』류(流)의 소설이 PC 통신, 인터넷을 중심으로 유행하게 되고, 또한 이러한 부류의 소설이 우리나라에서 판타지(fantasy)로 굳어지게 되었다.

이러한 판타지에 직·간접적으로 영향을 미친 가장 중요한 작품은 J.R.R. 톨킨의 『반지의 제왕 *The Lord of the Rings*』이다. 이영도를 비롯한 한국의 판타지 작가들은 이 작품을 직접 읽거나, 혹은 이 작품을 기초로 삼아 제작된 컴퓨터 게임(Role Playing Game, 롤플레잉 게임)의 영향 하에서 창작을 시작하였던 것이다. 이렇듯 판타지의 유행은 톨킨의 『반지의 제왕』과, 이로부터 유래한 컴퓨터 게임이라는 토대가 마련되어 있었기에 가능한 일이었다. PC 통신상에서 이루어진 판타지 작품들의 폭발적인 인기는 종이책으로 이어졌고, 우리는 이영도 이후 수많은 작가들의 출현을 목도하게 된다.

1999년 말, 영국의 소설가 조앤 롤링이 쓴 『해리 포터와 마법사의 돌 *Harry Potter and the Philosopher's Stone*』이 국내에서도 번역·출간되었고, 다른 나라들에서와 마찬가지로 우리나라에서도 엄청난 성공을 몰고 왔다. 『해리 포터』의 출판은 전세계적인 엄청난 사건이었으며, 영상 매체에 경도되어 문자책을 등한시해 온 수많은 젊은이와 어린이들을 책으로 돌아오게 만들었다. 『해리 포터』의 유행은 이 작품이 속해 있는 장르인 환상문학에 대한 관심을 동반하였다. 자연히 이것은 환상문학의 고전적 반열에 올라 있는 작품들에 대한 보다 더 큰 관심으로 이어졌고, 특히 『반지의 제왕』을 재평가하는 계기를 마련하였다. 물론 『해리 포터』 이전에도 『반지의 제왕』을 비롯한 톨킨의 몇몇 작품들은 우리말로 번역되어 있었다. 그리고 이러한 번역본들이 이영도를 비롯한 한국의 판타지 작가들에게 많은 영향을 준 것도 사실이다. 그러나 『해리 포터』가 『반지의 제왕』을 재부각시키는 데 결정적 역할을 한 것은 부인할 수 없다. 한편 『해리 포터』 시리즈와 『반지의 제왕』이 영화화된 것도 이들 작품들에 대한 관심을 불러일으키는 데 중요한 역할을 했다.

서양에서 톨킨의 『반지의 제왕』과 더불어 환상문학의 대표작으로 인정받아 온 작품은 C.S. 루이스의 『나니아 나라 이야기 *The Chronicles of Narnia*』이다. 이 작가는 우리나라에서 환상문학이 유행하기 훨씬 전부터 상당히 알려져 있던 인물인데, 이는 그의 환상문학 작품 때문이라기보다는 기독교 변증가로서의 면모 때문이다. 프랜시스 쉐퍼(Francis Schaeffer)와 더불어 20세기를 대표하는 기독교 변증가로 인정받는 만큼, 루이스에 대한 관심은 기독교 변증에서 먼저 출발하여 점차 그의 기독교 소설들로 이어졌던 것이다. 최근에 C.S. 루이스의 작품은 정식 판권을 얻어 탄탄한 번역으로 (재)출간되면서 독자층을 점점 확보해 가고 있다. 또한 그의 대표적인 환상문학 작품인 『나니아 나라 이야기』도 현재 영화화되고 있기에 이 작가에 대한 관심은 더욱 커질 것으로 보인다.

환상과 판타지 정의

토도로프의 환상 정의

환상문학에 대한 체계적인 고찰을 시도한 대표적인 학자는 프랑스의 츠베탕 토도로프(Tzvetan Todorov)이다. 토도로프의 유명한 저서 『환상문학 입문 *Introduction à la littérature fantastique*』은 1968년 탈고되어 1970년에 출간된 것인데, 사실 그 이전에 프랑스에서는 이미 환상문학 관련 저서들이 발간되고 있었다. 토도로프는 자신의 책을 통해 몇몇 프랑스 학자들이 이미 시도한 환상의 정의에 내재한 난점들을 극복하고자 하였다.

가령 카스텍스(Pierre-Georges Castex)는 『프랑스의 환상소설

Le Conte fantastique en France』에서 환상(le fantastique)의 특징은 현실 생활의 틀 속으로 신비가 갑자기 들어오는 것이라고 지적했으며, 루이 박스(Louis Vax)는 『환상예술과 환상문학 *L'Art et la littérature fantastiques*』에서 환상적 이야기(récit fantastique)는 우리가 존재하는 현실 세계에 살고 있고, 또한 우리와 다를 바 없는 인간이 설명할 수 없는 것 앞에 돌연히 직면하는 모습을 즐겨 제시한다고 말했다. 한편 로제 카이유아(Roger Cailloix)는 『환상의 중심부에서 *Au Coeur du fantastique*』라는 책에서 모든 환상(le fantastique)은 인정된 질서의 파괴이며, 일상적이며 양도할 수 없는 적법성의 한가운데로 용인하기 어려운 것이 침입하는 것이라고 정의한다.10)

이 세 가지 정의는 거의 동일한 내용을 담고 있다고 볼 수 있다. 즉, 자연계에 초자연적인 요소가 등장한다는 것이다. 그런데 초자연적인 요소가 등장하는 것을 환상이라 규정한다면, 그 외연(外延)은 너무 넓다고 토도로프는 판단했다. 그렇게 되면 환상은 신화, 전설, 옛이야기로부터 중세 로망스를 거쳐 근대의 많은 소설에 이르기까지 거의 모든 시기의 방대한 문학 작품을 망라하게 되기 때문이다.

따라서 토도로프는 환상의 범주를 축소하여 좀더 명확히 정의하고자 한다. 토도로프는 우선 모든 초자연적인 이야기가 환상은 아니라고 주장한다. 그에 따르면 환상은 자연법칙만을 알 뿐인 존재가 초자연적인 것으로 보이는 요소의 개입 앞에서 체험하는 '망설임(hésitation)'이다. 이 망설임과 함께 토도로프는 망설임의 주체 문제 그리고 텍스트 해석의 문제를 아울러 고려해야 한다고 보았다. 토도로프는 다음과 같이 정의하고 있다.

환상이 성립하기 위해서는 다음의 세 가지 조건이 충족되어야 한다. 첫째, 텍스트가 독자로 하여금 작중인물들의 세계를 살아 있는 사람들의 세계로 간주하고, 언급된 사건들을 자연적으로 이해해야 할지 아니면 초자연적으로 이해해야 할지를 망설이도록 만들어야 한다. 둘째, 이러한 망설임은 작중인물에 의해서도 경험될 수 있다. 이 경우 독자의 역할은 작중인물에 맡겨져 있다고 말할 수 있다. 동시에 그 망설임은 재현(표상)되며, 작품의 주제들 가운데 하나가 된다. 소박한 독서의 경우, 현실의 독자는 자신을 작중인물과 동일시한다. 셋째, 독자는 텍스트와 관련하여 어떤 특정한 태도를 취해야 한다. 즉, 그는 '시적'인 해석과 '알레고리적'인 해석을 거부해야 한다. 이 세 가지 요구가 동등한 가치를 지니는 것은 아니다. 첫째와 셋째 조건은 진정으로 장르를 구성한다. 둘째 조건은 충족되지 않을 수도 있다. 그렇긴 하지만 대부분의 예들에서 이 세 가지 요구들은 충족되고 있다.[11]

그가 말하는 환상의 첫째 조건인 '망설임'을 검토해 보자. 토도로프가 환상문학의 실례로 들고 있는 자크 카조트(Jacques Cazotte)라는 프랑스 작가가 지은 소설 『사랑하는 악마 Le Diable amoureux』의 주인공 알바르(Alvare)는 몇 달 전부터 한 여성과 함께 살고 있는데, 그는 이 여성이 악령(악마이거나 아니면 악마의 하수인)이라고 생각하고 있다. 자신이 원래 공기의 요정(Sylphide)이라고 주장하는 이 여성이 출현하는 방식을 보면, 분명 우리가 사는 세상과는 다른 세상에서 온 것 같다. 반면에 그녀의 인간적인 행동이라든지 그녀가 그에게 입힌 실제적인 상처를 고려하면, 분명 그녀는 인간이다. 실재인지 꿈인지, 진실인지 환각(illusion)인지 판단하기 힘든 애매함이 작품의 마지막까지 유지된다. 이렇게 망설임이 끝까지 유지가 되는 경우 그 작품은 '환상'으로 성립된다.

만일 초자연적인 요소가 등장하긴 하지만 그 요소가 이야기의 막바지에 이르러 결국 자연법칙으로 설명될 수 있다면 토도로프는 그것을 기괴(奇怪, l'étrange) 장르에 속하는 것으로 파악한다. 반면에 그 초자연적인 요소가 자연법칙으로는 도저히 설명될 수 없고 새로운 자연법칙을 인정해야 한다면, 이 경우는 경이(驚異, le merveilleux) 장르에 속한다. 토도로프는 환상이 기괴와 경이의 연장선상에 위치해 있는 장르라고 보았다. 여기서 아울러 고려해야 할 점은 '독자'의 문제이다. 망설임의 주체는 독자인데, 토도로프가 말하는 독자는 텍스트를 실제로 읽고 있는 현실의 개별적인 독자가 아니다. 그 독자는 '내포독자(lecteur implicite)'로서 텍스트에 내재해 있는 독자의 기능(fonction)을 가리킨다.

환상의 둘째 조건은 작중인물의 망설임과 관련된 것이다. 즉, 이 망설임은 작중인물에 의해서도 느껴질 수 있다. 독자는 특정 등장인물과 동일시될 수 있다. 다시 말해 이 망설임은 작품 내부에서 재현될 수 있다. 토도로프는 이 동일화 규칙을 환상의 임의적 조건이라고 간주한다. 왜냐하면 첫째 조건을 만족시키는 대부분의 작품은 둘째 조건도 충족시키기는 하지만, 빌리에 드 릴아당(Villiers de l'Isle-Adam)의 『베라 *Véra*』경우처럼 예외도 존재하기 때문이다. 여기에는 '백작부인의 소생(蘇生)'이라는, 자연법칙에 위배되면서도 확인된 것으로 보이는 사건이 등장한다. 그런데 독자는 이 현상에 대해 의문을 품지만 작중인물은 아무도 그 망설임을 공유하지 않는다.

셋째 조건은 텍스트 해석과 관련된 것이다. 독자는 우의적(allégorique) 해석과 시적인(poétique) 해석을 동시에 거부해야 한다. 만일 어떤 작품이 있는데, 이 작품에 대해서 우의적인 해석이 가능하다면 그것은 환상으로 성립할 수 없다. 알레고리란 두 가지 의미를 지닌 명제로서, 그 고유한(문자적) 의미는 완전히 지워지는 것이다. 예를 들어 '매미와 개미'의 우화에는 분명 초자연적인 요소(말하는 동물)가 등장한다. 그러나 그 경우 동물이 말을 한다고 해서 독자에게 의심이 일어나지는 않는다. 독자는 그 이야기를 문자적으로 받아들이지 않기 때문이다. 우화(fable)는 순수한 알레고리에 가장 근접하는 장르이다. 토도로프는 또한 시적인 해석도 배제한다. 토도로프는 시(poésie)와 픽션(fiction)을 구분한다. 그는 픽션은 상당 부분 재현(표상)적인 성격을 지니지만, 시는 기본적으로 재현적이지 않다고 보았다. 시를 읽을 때 재현을 거부하고 시구(詩句)를 순수한 의미론적 조합으로만 간주한다면, 환상은 나타나지 않는다는 것이다. 환상은 픽션 속에서만 존재하며 시는 환상적일 수 없다고 토도로프는 말한다.[12]

환상에 대한 이러한 토도로프의 정의는 환상에 대한 본격적인 논의에 물꼬를 텄다. 이후 이 정의에 대한 다양한 비판이 존재했으며, 또한 비판에 대한 비판도 꼬리를 물었다. 예를 들어 로즈메리 잭슨(Rosemary Jackson)은 토도로프가 기괴, 환상, 경이를 각각의 장르로 파악한 데 대해 비판했다. 그녀에 의하면 경이는 문학 장르이지만 기괴는 그렇지 않기에, 환상을 기괴나 경이와 동일한 반열에 올려놓을 수 없다는 것이다. 대신 그녀는 환상을 장르로서가 아니라 양식(mode)으로 볼 것을 요구한다. 잭슨은 양식이라는 용어를 "서로 다른 시기에 쓰여진 다양한 작품들 밑에 깔려 있는 공통의 구조적 특질들"을 드러내기 위해 사용한다.[13] 환상은 로망스 문학, '경이'문학, '환상'문학 등 많은 관련 장르들을 출현시키는 하나의 문학적 양식이라는 것이다.

캐스린 흄(Kathryn Hume)은 환상을 장르로 보지 않을 뿐 아니라, 한 걸음 더 나아가 환상을 양식과 동일시하려는 시도에 대해서도 반대한다. 그녀는 환상을 환상 아닌 나머지 문학으로부터 고립시키지 않는다. 사람들이 환상을 분리해서 이해하는 이유는 문학의 배후에 존재하는 본질적인 충동이 미메시스이며, 환상을 미메시스로부터 분리될 수 있는 주변적 현상이라는 관점에서 보아 배제적인(배타적인) 정의가 순수하며 최선

이라고 간주하기 때문이라는 것이다. 그녀는 문학을 두 가지 주요한 충동(impulse), 즉 미메시스와 환상의 산물이라고 보았다. 어떤 작품을 '미메시스다' 혹은 '환상이다'라고 간주하는 것은 그래서 적절하지 못하다는 것이다. 오히려 많은 장르와 형식이 존재하고, 각각에는 두 가지 충동들이 특색 있게 혼합되어 있는 것으로 파악한다.14) 이러한 전제 하에 흄은 환상을 다음과 같이 정의한다.

> 환상은 합의된 리얼리티로부터의 일탈이다. 이는 문학 본래의 충동으로서, 괴물에서 은유에 이르기까지 수많은 변형(variations)으로 나타날 수 있다.15)

토도로프의 정의에 대해 크리스틴 브룩로즈(Christine Brook-Rose)를 비롯한 많은 비평가들이 지적하는 것은 토도로프의 환상 정의가 지나치게 협소하다는 것이다. 실제로 토도로프의 정의에 따라 작품을 분류할 때 '환상문학으로 분류될 수 있는 작품이 과연 얼마나 되느냐'라는 의문이 제기된다. 흔히 환상문학이라 지칭되는 동양의 전통 문학 작품들 가운데, 토도로프의 엄격한 정의에 입각해서 환상으로 분류될 수 있는 것은 별로 없다. 또한 서양의 주요한 환상문학 작품들, 예를 들어 앞으로 우리가 다룰 『반지의 제왕』『나니아 나라 이야기』『해리 포터』시리즈 역시 토도로프 식으로 분류하면 환상 장르에 속하지 않는다. 중국 문명권에서건 서양에서건 초자연적인 요소가 등장하는 이야기의 대부분은 '경이' 장르로 분류된다.

『판타지 백과사전』의 환상과 판타지 정의

존 클루트(John Clute)와 존 그랜트(John Grant)가 편집하여 1997년에 미국에서 출간한 『판타지 백과사전 *The Encyclopedia of Fantasy*』은 토도로프의 환상(le fantastique, the fantastic) 정의와는 다른 정의를 제시하고 있다.[16] 'fantastic' 항목의 필자(Gary Westfahl)는 'fantastic'이라는 용어가 1930~1940년대에 SF 공동체에서 비평 용어로 사용될 때, SF와 판타지를 망라하는 포괄적인 개념으로 사용되었음을 주목한다. 최근에는 이와 유사하긴 하지만 좀더 넓은 의미로 'the fantastic'이 사용되는데, 비평가들은 이를 판타지와 SF, 마술적 사실주의, 우화화(fabulation), 초현실주의 등을 포함한 사실적이지 않은 인간 표현의 모든 형태를 일컫는 일반적인 용어로 채택하고 있다. 1980년 이래 매년마다 열리는 국제 환상예술 학술대회(International Conference on the Fantastic in the Arts)와 그와 관련된 출판물인 『환상예술 학술지 *The Journal of the Fantastic in the Arts*』에서는 바로 그러한 맥락에서 'the fantastic'이라는 용어를 사용하고 있다.

위에 언급한 백과사전에서는 판타지(fantasy)를 '환상적인 것(the fantastic)'과 구분하여 사용하고 있다. 이 항목('fantasy')의 필자(John Clute)는 사실주의와 대조를 이루는 것으로 이해되는 '환상'이 매우 신축성이 많은 개념으로서, 사실적이 아닌 것(unrealistic)으로 간주되는 다양한 문화와 다양한 시대의 이야기들을 지칭하는 용어로 오랫동안 사용되어 왔지만, 20세기 말에 와서 'fantastic'이 'fantasy'를 대체하는 용어로 사용되는 경향이 있음을 지적한다. 이 항목의 필자도 'fantastic'을 좀더 넓은 영역을 지칭하는 의미로, 'fantasy'를 좀더 특수한 의미로 사용하고자 한다. 물론 'fantasy'의 정확한 정의, 범위, 'fantastic'에 속하는 다른 장르들과의 상호 관계 규정에서 엄밀한 비평적 합의가 이루어진 것은 아니다. 브라이언 애트버리(Brian Attebery)가 판타지를 '퍼지 집합(fuzzy set)'이라 묘사했듯이, 판타지의 명확한 경계는 여전히 불분명하다. 'fantasy' 항목의 집필자는 이런 점들을 인정하고서, 다음과 같이 정의하고 있다.

> 판타지 텍스트는 자체적으로 일관성이 있는 서사(self-coherent narrative)이다. 우리가 사는 세계가 무대인 경우, 우리가 인지하고 있는 세계에서는 일어날 수 없는 이야기를 들려준다. 우리가 사는 세계가 아닌 다른 세계가 무대인 경우, 비록 그 세계에서 전개되는 이야기가 나름대로 성립 가능하긴 하지만, 그 다른 세계는 존재할 수 없는 세계이다.

이러한 정의를 통해 집필자는 'fantastic'과 구별되는 '판타지'의 고유성을 드러내고자 한다. 이 정의에서 핵심적인 요소는 두 가지로 요약된다.

첫째, 판타지는 자체적인 일관성을 지니고 있는 이야기(story)이다. 비현실적인 내용(the unreal)을 제시하는 서사이기에, 일단 'fantastic'으로 분류되는 것 가운데에도 자체적인 일관성을 추구하지 않는 텍스트가 실제로 존재한다. 가령 모더니즘과 포스트모더니즘 텍스트에서 판타지의 요소들을 사용하기는 하지만, 이는 판타지에서와 같이 독자로 하여금 그 설화(tale)를 함께 체험하게 하려는 것이 아니다. 오히려 모더니즘과 포스트모더니즘은 이야기의 본질에 의문을 제기하고, 서사의 시작에서 출발하여 서사의 결말에 도달하는, 서사적 귀결이라는 '순진한' 결합 조직을 철저하게 전복시킨다. 모사 소설(mimetic novel)의 기본 가정들로부터 거리를 두거나 의문을 제기하는 거의 모든 20세기 소설들은 'the fantastic' 요소를 내포하고 있다. 그렇다고 해서 이러한 소설들을 판타지라 부르는 것은 모더니즘과 포스트모더니즘의 기획을 철저히 오해하는 것이며, 또한 판타지의 고유한 의미를 박탈하는 것이다.

둘째, 판타지는 이 세계에서는 일어날 수 없는 이야기다. 이 점에서 판타지는 과학 소설과 구분된다. 과학 소설은 작품의 이야기가 비록 현재로서는 가능하지 않을지라도 언젠가는 가능하다는 전제 하에서 씌어지고 또한 읽힌다. 예를 들어 쥘 베른(Jules Verne)이 달나라를 여행하는 내용의 소설을 썼을 때, 당시로서는 이것이 '공상'에 불과했지만 후일 루이 암스트롱에 의해 구현되었듯이, 원칙적으로 가능성이 있는 내용을 묘사할 경우에는 과학 소설에 해당한다. 이와 반대로 판타지는 아예 실현 불가능한 세계를 묘사한다. 이와 같이 실제로는 불가능한, 작가가 만들어낸 세계를 다루면서도 나름대로의 일관된 법칙 하에서 전개되는 서사는 판타지에 해당한다.

우리는 이제까지 토도로프가 『환상문학 입문』에서 내린 환상 정의와 『판타지 백과사전』의 기고자들이 내린 환상 및 판타지 정의를 살펴보았다. 만일 우리가 토도로프의 정의를 따른다면, 실제로 '환상' 범주에 포함할 수 있는 작품은 그리 많지 않다. 토도로프가 '환상' 정의에서 대상으로 삼은 텍스트들은 대개 19세기 고딕 문학이다. 그런데 오늘날 널리 유행하고 있는 환상문학은 토도로프의 엄격한 '환상' 정의에서 벗어나 있는 작품들이다. 왜냐하면 그 작품들은 대개 '경이'로 분류되기 때문이다. 토도로프에 따르자면 오늘날은 '환상'문학을 논의하기보다 '경이'문학을 논의하는 편이 옳은 것이다.

사실 오늘날 언론과 출판계에서 환상문학이란 용어를 사용할 때 토도로프의 개념으로 사용하는 경우는 거의 없다. 일부 전문적인 학자들만이 토도로프적인 의미로 사용할 뿐이다. 이런 현실을 고려할 때 『판타지 백과사전』의 용법을 차용하는 쪽이 좀더 유용해 보인다. 즉, 환상은 넓은 의미(사실적이지 않은 인간 표현의 모든 형태를 일컫는 일반적인 용어, 해당 텍스트가 문학일 경우 환상문학)로, 그리고 판타지는 SF와 같은 레벨의 좁은 의미로 사용하는 것이다. 물론 이 백과사전의 정의에도 약점은 있다. 예를 들어 판타지와 SF의 구분이 그러한데,

사실 이 둘을 명확히 구분하기란 매우 힘든 일이다. 이러한 약점에도 불구하고 이보다 적절하고 효율적인 정의를 만날 때까지는 이 정의를 사용하는 것이 현명해 보인다.

이제 환상문학의 역사에서 가장 중요한 작가들로 인정받아 온 두 명의 작가 J.R.R. 톨킨과 C.S. 루이스, 그리고 현재 전 세계에서 가장 많은 독자를 확보하고 있는 작가인 조앤 롤링의 삶과 작품에 대해 고찰해 보기로 하자. 우리가 여기서 주로 다룰 작품들(『반지의 제왕』『나니아 나라 이야기』『해리 포터』시리즈)은 토도로프의 정의에 따르면 경이로, 『판타지 백과사전』의 정의에 따르면 판타지로 규정됨을 미리 밝혀둔다.

J.R.R. 톨킨

나는 개인적으로 존 로널드 로웰 톨킨(John Ronald Reuel Tolkien, 1892~1973)의 삶에서 많은 힘을 얻는다. 그의 삶은 한 인간이 자신이 처한 불우한 환경에 함몰되지 않고 그 환경을 딛고 일어서는 좋은 예를 제공해 주기 때문이다.17)

J.R.R. 톨킨은 1892년 남아프리카(당시에는 대영제국에 속해 있었음)에서 태어났다. 양친은 영국인이었다. 톨킨이 세 살이 되던 해에 어머니(Mabel)는 톨킨과 두 살 어린 그의 남동생을 데리고 영국으로 귀국했다. 은행의 지점장으로 일하던 아버지는 기회가 되는 대로 귀국하기로 하고 남아프리카에 남아 있다가 다음해에 질병으로 사망했다. 갑작스런 남편의 죽음으로 인해 경제적으로 어려움에 처한 메이블은 아이들의 학교 수업

J.R.R. 톨킨.

료를 낼 수 없어 두 아들을 직접 가르쳤다. 어머니는 아이들에게 수업이 없는 시간에는 책을 읽도록 유도했다. 이 시절 어린 톨킨이 가장 열중했던 책은 조지 맥도널드의 『공주와 커디』였다. 조지 맥도널드의 작품들이야말로 체스터턴과 C.S. 루이스를 비롯한 영국의 그리스도인 환상문학 작가들에게 영감의 원천으로 작용했던 것이다. 이밖에도 톨킨은 루이스 캐롤이 지은 『이상한 나라의 앨리스』, '용을 무찌르는 영웅 지구르트' 이야기에도 매료되었다.

가난했던 톨킨 가족은 당시 버밍엄 근교의 조그마한 시골 마을(Sarehole)에서 살게 되었는데, 이 곳에서 톨킨의 상상력과 자연에 대한 사랑이 싹트게 된다. 여덟 살이 되어 톨킨은 킹 에드워드 문법학교에 다니기 시작한다. 학비는 삼촌이 대주었지만, 통학 요금을 마련할 수 없었던 톨킨 가족은 4년 동안 행복하게 살던 세어홀의 시골집을 떠나 버밍엄 시내에서 가까운 곳에 셋집을 얻어 생활하게 되었다. 새로운 환경은 그야말로 '끔찍한' 곳이었다. 창밖에는 전차와 자동차 소음이, 멀리 공장 굴뚝에는 연기가 가득했다. 또다시 이사 온 곳 역시 마찬가지였다. 기차 소리와 석탄 저장소로 오가는 트럭 소리에 시달

려야 했기 때문이다. 하지만 톨킨은 그 고통을 독창적인 상상력의 기초를 형성하는 데 사용했다(그는 이러한 상상력을 토대로, 중간계라는 독특한 세계를 창조한 것이다. 이 중간계는 톨킨의 대표작들인 『호빗 *The Hobbit*』 『반지의 제왕』 『실마릴리온 *Silmarillion*』의 바탕이 되는 세계이다).

1904년, 톨킨이 열두 살 되던 해에 어머니는 서른넷의 나이로 세상을 떠난다. 어머니는 톨킨과 남동생을 위하여 오라트리오회에 소속된 프랜시스 신부를 후견인으로 정해 놓았는데, 신부는 사랑의 마음으로 이들을 대했다. 외로웠던 두 형제는 오라트리오회 수도원에서 살다시피 했으며, 여기에서 톨킨의 신앙이 형성되었다. 이후로 그는 평생을 신실한 그리스도인(가톨릭)으로 살았다. 옥스퍼드 대학교의 장학금 시험에 합격하여 대학 생활을 시작한 톨킨은 학과 공부보다는 개인적인 공부에 더욱 열중했다. 그는 자신만의 언어인 엘프어(elvish)를 만드는 데 가장 많은 힘을 쏟았다. 북유럽 언어들을 토대로 삼아 엘프어를 만드는 도중, 톨킨은 모든 언어의 바탕이 신화임을 깨닫고서는 신화를 창작하고픈 열망을 지니게 된다.

톨킨은 대학에 가기 전에 자신과 같이 불우한 환경에서 자란 세 살 연상의 여성을 만나 교제한 적이 있었다. 후일 톨킨은 이 여인(Edith)과 혼인 성사를 올렸다. 혼례를 치른 지 몇 주 후 톨킨은 제1차세계대전의 치열한 격전지였던 프랑스의 솜 강(江) 전투에 참전하게 된다. 이 전투에서 톨킨은 그의 가장 절친한 친구를 잃는 슬픔을 맛보기도 했다. 톨킨 부부는 세

아들과 막내딸을 두었는데, 톨킨은 자식들에게 자신이 거의 받아보지 못했던 아버지의 사랑을 전하려고 많은 노력을 기울였다. 그는 그 사랑의 표현으로 자녀들에게 재미있는 이야기를 자주 들려주었다. 또, 톨킨은 해마다 그들에게 멋진 크리스마스를 선사하기 위해 "산타클로스가 보낸 편지"를 썼다. 이 편지들에는 고대 북유럽의 신화와 전설에 토대를 둔 톨킨의 상상력이 십분 발휘되었다(톨킨 사후에 그의 가족은 산타클로스가 보낸 진짜 편지인 양 믿게 만든 그 편지들을 모아『산타클로스의 편지 *The Father Christmas Letters*』(1976)라는 제목으로 출간하였다).『호빗』역시 자신이 느끼지 못한 아버지의 깊은 정을 자녀들에게 전해주고자 그들에게 들려준 이야기에서 출발한 것이다.

1925년, 톨킨은 옥스퍼드 대학교의 앵글로 색슨어 교수로 취임하자마자 '콜바이터즈(Coalbiters, Kolbitar라고도 불림)'라는 비공식적인 모임을 만들어 인도해 나갔다. 북유럽의 신화와 전설을 담고 있는『운문 에다 *Poetic Edda*』와 같은 아이슬란드 고전문학을 함께 읽는 이 모임에 C.S. 루이스도 참여하게 되었고, 이로써 톨킨과 루이스 사이의 깊은 우정이 시작되었다. 후일 루이스는 자신의 정신적, 영적 자서전인『예기치 못한 기쁨』에서 톨킨과의 만남을 회상하면서 다음과 같이 기록하고 있다.

톨킨과 나눈 우정을 통해 내가 지닌 두 가지 낡은 편견이 무너져버렸다. 나는 세상에 태어나면서부터 (암시적으로) 천주교인을 믿지 말라는 주의를 들었고, 영어영문학부에 들어갔을 때 (명시적으로) 문헌학자를 결코 신뢰해서는 안 된다는 충고를 받았다. 톨킨은 천주교인이면서 문헌학자였다.[18]

북유럽과 북유럽 신화에 관심이 많았던 두 학자가 나눈 우정은 각별한 것이었다. 특기할 만한 점은 루이스가 기독교로 회심한 데에는 톨킨과 함께 신화에 대한 심각한 이야기를 나눈 사건이 계기가 되었다는 것이다(이 점에 대해서는 나중에 C.S. 루이스를 다룰 때 다시 언급할 것이다). 톨킨이 주도한 콜바이터즈 모임은 아이슬란드의 주요 영웅담에 관한 독회가 끝난 후 자연스럽게 해체되었다. 하지만 두 학자의 정기적인 만남과 토론은 루이스가 주도한 새로운 동아리 '인클링스(Inklings)'를 통해 이어졌다. 이 모임에는 이들 이외에도 루이스의 형인 워런(Warren), 오웬 바필드(Owen Barfield), 휴고 다이슨(Hugo Dyson) 등이 참여했고, 나중에는 찰스 윌리엄스도 합류했다. 이들은 일주일에 두 번씩 만났다. 화요일에는 '독수리와 아이(Eagle and Child)'라는 선술집에서 맥주를 마시며 가볍게 담소를 나누었고, 목요일 모임에서는 각자가 쓴 원고를 회원들 앞에서 낭독하고, 그 내용에 대해 비평, 토론하는 시간을 가졌다. 톨킨이 자녀들에게 들려주었던 '호빗' 이야기와 '반지의 제왕' 원고도 이 모임에서 낭송되었다. 루이스는 '나니아 나라 이야기'를 여기서 낭송했다. 이 모임은 조지 맥도널드와 체스터턴에게서 시작된 영국 환상문학의 전통을 이어받고, 이를 더욱 깊이 발전시켜 후대에 물려준 중추적인 역할을 감당하였다.

『실마릴리온』

톨킨은 제1차세계대전 참전중에 얻은 질병 때문에 프랑스에서 영국으로 돌아온 후(1917년) 신화 창작에 몰두하기 시작했다. 톨킨 전기 작가인 험프리 카펜터(Humphrey Carpenter)에 의하면 그 창작에는 세 가지 동인이 작용한다.[19] 첫째, 엘프어를 비롯해서 톨킨이 직접 만든 언어들에게 그 언어들이 전개될 수 있는 역사를 창조해 주기 위해서이다. 둘째, T.C.B.S.(킹 에드워드 문법학교 시절부터 톨킨이 세 명의 친구들과 함께 만들었던 동아리) 때부터 가졌던 욕망, 즉 자신이 가진 심원한 감정을 시(詩)를 통해 표현하고자 하는 욕망의 구현이다. 셋째, 잉글랜드를 위한 신화를 창조하고자 하는 욕망이다.

이와 같은 동기로써 톨킨은 『실마릴리온』의 대장정을 시작한다. 톨킨은 이 작품의 골격을 이루는 이야기들을 소묘한 1917년 이후 줄곧 이 작품을 창작해 나갔고, 특히 말년에 심혈을 기울여 이 작품을 다듬었으나 생전에 완성하지는 못했다. 미완성의 상태로 남아 있던 이 작품은 셋째 아들인 크리스토퍼(Christopher)의 편집 작업을 거쳐 톨킨이 서거한 지 4년 후에(1977년) 출간되었다.[20]

'실마릴리온'은 실마릴 혹은 실마릴리(Silmarilli, 천재적 장인

인 요정 페아노르가 만든, 세계에서 가장 아름다운 세 개의 보석)
를 둘러싼 이야기란 뜻으로서, 『실마릴리온』에는 '실마릴에 대
한 이야기'인 '켄타 실마릴리온' 이외에 네 개의 이야기(아이누
린달레, 발라켄타, 아칼라베스, 힘의 반지와 제3시대)를 더 담고
있으며, 『반지의 제왕』사건들이 전개되는 공간(중간계)과 시간
(제3시대)의 토대가 되는 세계의 긴 역사를 다루고 있다.

　『실마릴리온』은 유일자 에루(Eru the One)에 대한 언급으로
부터 시작된다. 후일 엘프들이 일루바타르(Illúvatar)라 부르게
되는 이 존재는 창조주로서, 맨 먼저 아이누(Ainur, 거룩한 자
들)라 불린 종족을 창조하였다. 일루바타르는 이들에게 음악을
가르쳐 주었고, 천상의 합창단인 이들은 일루바타르의 선율을
위대한 음악으로 형상화시켰다. 그러나 이들 중 가장 탁월하
고 강력한 존재였던 멜코르(Melkor)에게 교만한 마음이 스며들
었고, 일루바타르의 선율과는 무관한 자신만의 음악을 추구하
고자 애썼다. 또한 동료 아이누 중에서도 멜코르의 생각에 음
악을 맞추는 자들이 생겨났다.

　한편 이 작품의 무대가 되는 피조세계는 아르다(Arda)이다.
아르다에 들어온 아이누는 두 부류로 나뉜다. 발라(Valar)와 마
이아(Maiar)인데, 이들은 각각 신들(gods)과 반신들(demi-gods)
로 불릴 만한 존재들, 즉 데미우르고스적인 혹은 천사와 같은
존재들이다. 멜코르 − 후일 검은 적 모르고스(Morgoth, the
Dark Enemy)라 불림 − 도 열다섯 명의 발라 중 한 명이다. 한
편 사우론을 비롯해 간달프, 사루만 등 『반지의 제왕』을 통해

잘 알려진 이들은 마이아에 속한다.

멜코르라는 강력하면서도 사악한 발라와, 이 존재에 이끌린 마이아 영들(spirits)로 인해 아르다의 형성 시기에 이미 전쟁이 일어난다. 이것이 '최초의 전쟁'이다. 이후에도 타락한 멜코르를 격퇴하려는 세력과 멜코르 세력 사이에, 중간계의 지배권을 둘러싼 전쟁이 여러 차례 일어난다. 아르다 형성 이후 등불의 시대, 나무의 시대, 암흑의 시대, 별들의 시대를 거쳐 태양의 시대(태양 제1시대, 제2시대, 제3시대)에 이르는 동안에 양 진영 사이에 투쟁이 지속된다. 멜코르는 태양 제1시대 말에 결정적으로 패배하여 영원히 공허(Void)로 쫓겨난다. 제2시대와 제3시대에는 멜코르의 부하 가운데 가장 강력했던 사우론이 멜코르의 뒤를 이어 암흑 제왕으로 활동한다. 사우론은 제2시대에 절대 반지를 만들어 막강한 반지의 제왕이 되었으나, 제3시대 말기에 일어난 '반지 전쟁'으로 인해 마침내 그가 세운 악의 제국은 파멸된다. 이로써 제3시대는 끝이 나고 인간이 지배하는 새로운 시대가 열린다. 이제 신들과 엘프들은 인간의 지각 범위 바깥으로 물러나게 되며, 신화의 시대는 종말을 고하고 역사의 시대가 시작된다. 이때부터 아르다의 땅도 태양 주위를 공전하게 된다.

이쯤에서 '중간계'에 대한 해명이 필요할 듯하다. 아르다의 형성 시기에 땅은 하나의 거대한 대륙이었다. 그런데 멜코르의 반란으로 인해 야기된 최초의 전쟁 이후에 그 대륙은 중간계(가운데 땅, middle earth), 서쪽 땅(westernesse), 동쪽 땅(easternesse)으로 분리되었다. 물론 아르다와 중간계는 톨킨의 상상력 속에서 창조된 세계이다. 하지만 이는 우리가 살고 있는 지구의 옛 형태로서 톨킨이 제시한 세계이다. 톨킨은 중간계를 지구가 아닌 다른 행성으로 간주한 독자들에게 중간계는 '우리의' 세계라고 명확히 밝힌다.21) 아르다가 오랜 세월을 거쳐 점점 변화하여 결국 (제4시대에 와서) 오늘날 우리에게 친숙해진 지구라는 행성의 형태를 취하게 되는 것이다.

톰 쉬피(Tom Shippey)는 『J.R.R. 톨킨 : 세기의 작가 *J.R.R. Tolkien : Author of the Century*』에서 톨킨이 『실마릴리온』을 창작하면서 모델로 삼은 문학 작품이 있다면, 그것은 분명 스노리 스튀르뤼손(Snorri Sturluson)의 『산문 에다 *Prose Edda*』일 것이라고 말한다.22)(『산문 에다』는 '이교(異敎)' 신화 자료들을 모아서 편찬한 책이다. 스노리는 이교도가 아닌 기독교인이지만, 자신의 모국어로 된 시가(詩歌)의 오랜 전통이 사라지는 것을 원치 않았던 아이슬란드 역사가이다.) 어린 시절 용을 무찌르는 지그르트를 즐겨 읽었고, 킹 에드워드 문법학교 시절에 T.C.B.S.라는 동아리의 친구들에게 『베오울프 *Beowulf*』『펄 *Pearl*』『거웨인 경과 녹색 기사 *Sir Gawain and the Green Knight*』를 즐겨 낭송해 주고, 『뵐중가 사가 *Völsungasaga*』에 담긴 이야기들을 자세히 들려주곤 했던23) 톨킨에게 고대의 신화와 전설은 사라져가는 것에 대한 아쉬움이나 향수, 단순한 언어학적인 관심의 대상만은 아니었다. 톨킨은 평생에 걸쳐 북유럽의 신화와 전설을 연구해 오면서 그 속에 선(先)복음적인 요소가 있음을 발견한 것이다. 때문에 자신이 믿는 기독교와 문학 작품 속에 간직되어 있는 선조들의 선(先)기독교적 자취들을 맺어주고자 일생 동안 애썼다.[24]

에아렌딜, 이교와 기독교의 다리

「퀜타 실마릴리온」의 마지막 장은 에아렌딜(Eärendil)의 여행에 대해 이야기하고 있다. 그는 실마릴을 지니고서 불사의 땅(서쪽 땅)을 찾아가 발라들의 도움을 구했다. 악의 세력에 의해 멸망의 위기에 처한 중간계의 엘프와 인간족의 상황을 서쪽 땅의 발라들에게 알려 그들의 도움을 요청하고자 했던 것이다. 이는 생명을 건 모험이었다. 인간족이 불사의 땅에 들어가는 것은 허락되어 있지 않았기 때문이다. 발라들은 논의 끝에 엘프족과 인간족에 대한 사랑에서 우러나오는 에아렌딜의 간청을 받아들였다. 결국 발라와 마이아, 엘다마르의 요정족으로 구성된 대군이 불사의 땅에서 출정하였다. 이로써 '분노의 전쟁'이 시작된다. 마침내 그들은 전쟁을 승리로 이끌고, 모르고스를 시간이 없는 허공 속으로 몰아넣는다.

쉬피에 따르면, 톨킨은 일찍이 1914년에 오늘날 'Christ I'라는 제목이 붙어 있는 고대 영시에서 에아렌델(Earendel)이라는 이름(혹은 단어)을 대하고서 감명을 받았다고 한다.[25]

아! 에아렌델, 가장 밝은 천사여, 인간을 위해 가운데 땅으로 보내어졌네. (O Earendel, brightest of angels, sent to men above Middle-earth.)

이 고대 영시는 (에아렌델이라는 단어를 제외하고) 라틴어 교창(交唱)성가(antiphon)의 번역시이다. 이 교창성가는 그리스도가 와서 그들을 해방시켜 주기를 바라며 음부에 머물러 있는 족장들과 선지자들의 부르짖음을 표현하고 있다. 이들은 '사망의 그림자와 어둠 속에 앉아서' 자신들을 구원해 줄 구세주 혹은 구세주의 도래를 예고해 줄 선지자를 간절히 외치고 있는 것이다.

그런데 톨킨의 특별한 관심을 끈 것은 이러한 기독교적인 맥락의 내용이 이교도와 관련된 문헌에서도 드러나 있다는 점이다. 고대 영어 'Earendel'에 해당하는 고대 스칸디나비아어 'Aurvandil'은 스노리의 『산문 에다』에서 토르(Thor) 신의 동반자로 등장한다.

토르와 아우르반딜은 함께 여행을 하고 있었다. 얼어붙은 강을 건너려 할 즈음 토르는 아우르반딜을 광주리에 넣어서 건너야 했다. 그는 토르 신처럼 강하지 못했던 것이다. 그런데 아우르반딜의 발가락이 광주리 밖으로 드러났다. 혹독한 추위 때문에 발가락은 동상을 입었고 결국 부러져서 하늘로 던져졌는데, 그 발가락이 별이 되었다.

이 이야기에서 톨킨은 다음의 두 요소를 취한 것으로 보인다. 첫째 에아렌델/아우르반딜이 별의 이름이라는 것, 둘째 에아렌델/아우르반딜은 이방인에게나 그리스도인에게나 모두 희망과 좋은 소식의 징조라는 것이다.

톨킨의 『실마릴리온』 중, 어둠 속에서 큰 빛을 바라는 사람들은 구약의 족장이나 선지자가 아니라 중간계에 거주하는 이들이다. 또한 그들이 바라보는 큰 빛은 음부에 와서 그들을 해방시켜 주는 그리스도가 아니라, 발라들이 와서 구원해 줄 것을 예고해 주는 실마릴이다. 이방인들이 아우르반딜을 알고 있었다면 그들도 앞으로 올 진정한 구세주와 그 (세례 요한 같은) 선구자에 대한 어느 정도의 직관이나 느낌을 가지고 있지 않았을까? 톨킨은 그가 전문 학자로서 연구했던 문학 속에 파묻혀 있는 선기독교 신앙의 잔재와 기독교를 연결시키려 평생 동안 애썼다. 물론 그가 이교적인 것을 모두 인정한 것은 아니다. 또, 그는 선기독교의 모든 요소가 비기독교적이라고 간주하지도 않았다. 톨킨은 하나님이 그의 은총 속에서 인간의 이야기들에다 복음(evangelium)의 형상을 미리 나타내셨다고 보았다. 이러한 관점은 후일 C.S. 루이스도 공유하게 된다.[26]

『반지의 제왕』

톨킨은 『반지의 제왕』에 앞서 『호빗』이란 작품을 창작했다. '호빗'은 톨킨이 창작한 종족으로서 키가 인간의 절반쯤

되고 드워프(dwarf)와는 달리 턱수염이 없는 존재이다. 『호빗』은 빌보 배긴스라는 호빗이 난쟁이 열세 명의 방문을 받고 얼떨결에 그들과 함께 모험에 나섰다가 갖은 시련을 겪은 후에 지혜와 용기를 갖춘 인물로 성장하여 귀환한다는 이야기이다.

이 『호빗』의 속편인 『반지의 제왕』은 『실마릴리온』에 구체적으로 다루어져 있는 연대기상으로는 제3시대 말에 중간계에서 일어난 일을 다루고 있다. 톨킨은 『호빗』(1937)을 출간한 직후부터 이 작품을 창작하기 시작하여 1954년에서 1955년에 걸쳐 3부작(『반지 원정대 *The Fellowship of the Ring*』 『두 개의 탑 *The Two Towers*』 『왕의 귀환 *The Return of the King*』)을 내놓았다. 이 이야기의 줄거리는 다음과 같다.

111번째 생일날에 빌보 배긴스는 생일잔치에 모인 손님들 앞에서 어떤 반지를 끼고서 손님들의 눈앞에서 홀연히 사라진다. 이 반지는 빌보 자신은 몰랐지만 악과 어둠의 제왕인 사우론이 만든, 세상을 지배할 수 있는 능력을 지닌 '절대 반지'였다. 제2시대 말에 요정과 인간의 최후 동맹군이 사우론에 대항해 싸울 때 두네다인 왕 이실두르는 사우론의 손에서 절대 반지를 베어내었으나, 반지의 유혹에 굴복하여 자신의 소유로 취함으로써, 그 자신은 죽고 절대 반지는 안두인 강의 물속으로 사라지고 말았다. 그 반지가 골룸을 거쳐 빌보에게 오게 된 것이었다. 그 반지는 빌보의 양자인 프로도에게 넘겨진다. 절대 반지와 관련된 역사를 치밀한 연구 끝에 밝혀낸 마법사(wizard) 간달프는 프로도에게 호빗들이 사는 마을을 조속히 떠나라고 재촉한다. 절대 반지를 되찾아 중간계를 지배하고자 했던 사우론이 골룸을 고문해 샤이어의 호빗이 그 반지를 지니고 있음을 알게 되었고, 이미 추적을 시작했기 때문이다.

프로도 일행은 도중에 간달프의 친구이자 이실두르의 후계자인 아라곤을 만나 도움을 받는다. 아라곤과 함께 이들은 리벤델에 도착하는데, 여기서 열린 평의회에서 절대 반지를 파괴할 수 있는 유일한 장소인 모르도르의 화산으로 떠나기로 결정한다. 원정대가 결성되고 프로도가 반지 운반자의 임무를 맡기로 했다. 만일 절대 반지가 파괴되지 않으면 중간계는 다시 세력을 회복한 사우론의 수중으로 넘어가게 되는 것이다. 마법사(간달프), 네 명의 호빗(프로도, 샘, 메리, 피핀), 드워프(김리), 엘프(레골라스, 톨킨이 작품 속에서 창조한 요정은 몸집이 인간과 비슷하다), 두 명의 인간(아라곤, 보로미르)으로 구성된 반지 원정대는 절대 반지의 파괴라는 지고한 목적을 달성하기 위해 먼 길을 떠난다.

이 원정길엔 갖은 난관이 기다리고 있었다. 엄청난 괴물 발록과 함께 싸우던 간달프가 희생되고(나중에 회색의 간달프는 백색의 간달프로 부활한다), 한때 절대 반지의 유혹에 빠졌으나 회개한 보로미르도 영웅적인 죽음을 맞이한다. 그리고 오크들의 습격으로 원정대는 뿔뿔이 흩어지고 만다. 무수한 고초를 겪은 후 마침내 프로도는 반지를 파괴할 수 있는 장소에 도달한다. 그러나 마지막 순간 그 자신도 절대 반지를 소유하고 싶은 욕망에 굴복하여 운명의 틈으로 반지를 던지지 못하고 손가락에 그것을 끼고 만다. 그때 운명의 산까지 그들을 안내했던 골룸이 프로도의 손가락을 물어뜯어 반지를 빼앗는다. 골룸은 반지를 치켜들고 미친 듯 춤을 추다가 결국 반지와 함께 깊은 심연으로 추락한다. 절대 반지가 파괴된 뒤 암흑 제왕에게 대적한 연합군은 반지 전쟁을 승리로 이끌고, 중간계에는 평화가 찾아온다. 그리고 아라곤은 곤도르의 왕으로 등극하고, 중간계는 인간의 통치를 맞이하게 된다.

『반지의 제왕』도 『실마릴리온』과 마찬가지로 북유럽 신화에 토대를 둔 소설이다. 이 작품은 『에다』와 『니벨룽겐의 노래 *Das Nibelungenlied*』에 등장하는 지구르트(지크프리트) 신화의 변형으로 볼 수 있다. 우선 『산문 에다』에 나오는 이야기를 요약해 보자.[27]

북유럽 신화의 신들인 오딘(Odin)과 로키(Loki)가 함께 여행하던 중에, 로키가 수달을 죽였다. 사실 이 수달은 흐라이드마르라는 농부의 세 아들 중 한 명이 변신한 동물이었다. 이를 안 농부는 로키에게 아들의 죽음에 대한 보상을 요구했다. 수달 가죽을 덮을 만큼의 보물을 가져오라는 것이다.

로키는 안드바리의 폭포 속으로 들어가 난쟁이 안드바리가 지닌 보물을 모두 빼앗았다. 그러나 안드바리는 작은 금

반지 하나만은 내놓지 않으려 했다. 그 반지만 있으면 보물들을 새로이 모을 수가 있기 때문이다. 그러나 로키는 그 반지마저 빼앗았다. 그때 그 난쟁이는 저주를 건다. 반지를 가진 사람은 누구든 목숨을 잃게 될 것이라고. 그 반지는 오딘이 간직하려 했다. 하지만 로키가 가지고 온 보물로 수달의 가죽을 다 덮었으나 유독 수달의 코밑수염은 덮지 못했기에, 완전히 덮으라는 농부의 요구에 어쩔 수 없이 그 반지마저 내놓아야 했다. 오딘이 반지를 내주자 로키도 반지의 저주를 농부에게 전했다.

농부의 두 아들은 자신들에게 보물을 나누어줄 것을 아버지에게 요구했으나 거절당하자 아버지를 살해한다. 큰 아들 파프니르는 보물을 독차지하고서 동굴에 보물을 감추고 자신은 용이 되어 보물을 지켰다. 금은 세공에 뛰어난 재주를 지니고 있었던 동생 레긴은 왕실의 대장장이가 되었는데, 부모를 잃고 고아로 자라던 지구르트를 양자로 삼아 길렀다. 지구르트가 장성하자 레긴은 그에게 형 파프니르가 지키고 있는 보물을 빼앗아 달라고 부탁한다. 그리고는 지구르트의 아버지가 남긴 두 동강난 칼을 다시 벼려 지구르트에게 주었다.

지구르트는 용으로 변신해 있던 파프니르를 그 칼로 죽였다. 레긴의 부탁으로 용의 심장을 불에 굽다가 용의 피가 입으로 들어가자 지구르트는 새들의 말을 알아듣게 된다. 근처에 있던 박새는 레긴이 지구르트를 죽이고 보물을 독차지하려 한다는 말을 들려주었다. 이에 지구르트는 레긴마저 죽인다. 그리고 나서 용이 지키던 보물을 가지고 떠날 즈음, 죽어가던 파프니르는 보물을 소유한 사람은 반드시 죽게 될 것이라는 저주를 되풀이한다.

『에다』에 담긴 설화는 여기서 그치는데, 영웅 지크프리트의 이야기는 어느 정도의 변형을 거쳐 『니벨룽겐의 노래』에서 이어진다.[28] 여기에는 지크프리트의 결혼과 죽음, 자신의 남편을 살해한 하겐(부르군트 왕국의 신하)에 대한 지크프리트 아내의 복수, 그녀마저도 결국 죽음으로 이끄는 재복수가 그려진다. 이러한 『니벨룽겐의 노래』의 스토리는 바그너의 오페라 4부작 「니벨룽겐의 반지」로, 독일 표현주의 영화 시대에는 프리츠 랑 감독의 영화 「니벨룽겐」 2부작으로 이어진다. 톨킨은 『에다』와 『니벨룽겐의 노래』에 담긴 '반지'의 모티프를 차용하여 반지 소유에 대한 제어하기 힘든 욕심을 그리되, 이들 서사시와는 그 골격을 근본적으로 바꾸어 스토리를 전개하고 있다.

C.S. 루이스는 이 작품이 출간된 뒤 "새로운 시대의 막을 열 작품"이며, "마른하늘에 떨어지는 번개와 같은 작품"이라는 찬사를 보내었다. 루이스는 톨킨이 이 작품을 쓰는 동안 실의에 빠져 있을 때 많은 격려를 해주기도 하였다.

『해리 포터』 시리즈가 출간되기 이전까지 환상문학에서 가장 큰 인기를 모은 책이 바로 『반지의 제왕』이다. 그리고 이 책은 환상문학의 전범(典範)을 이루는 작품으로 여전히 그 권위를 인정받고 있다. 특히 이 작품이 그리스도인에게 특별한 의미가 있는 것은 톨킨이 그리스도인 작가라는 점이다. 톨킨의 장남으로서 사제서품을 받은 존 톨킨도 가톨릭 신앙이 아버지의 사고와 모든 요소에 스며들어 있었으며, 아버지가 철저한 그리스도인임을 강조한다. 앤 애킨즈라는 작가는 톨킨과 『반지의 제왕』에 대해 다음과 같이 말한다.

『반지의 제왕』의 모든 페이지에서 우리는 톨킨의 깊은 기독교 신앙을 볼 수 있다. 예를 들어 악의 존재와 악이 골룸을 유혹한 것처럼, 악이 선을 약속하면서 우리를 유혹한다는 것을 톨킨은 알고 있다. 우리가 악의 유혹에 빠지면 결국은 우리의 자유와 의지와 인격까지도 빼앗기게 된다는 것도 그는 알고 있다……톨킨이야말로 훌륭한 기독교 신화를 쓴 진정한 기독교 소설가이다……톨킨의 기독교 신앙은 그의 모든 작품과 주인공의 뿌리가 위대하고 변함없는 영웅임을 알려준다.[29]

『반지의 제왕』에는 직접적으로 성경의 내용을 드러내는 문장은 존재하지 않는다. 하지만 이 작품은 은밀하게 기독교의 정신을 드러내고 있다.

우선 이 작품은 기독교 전통에 따른 선악의 대결 구도로 이루어져 있다. 그리고 악은 반드시 파괴해야 한다는 강력한 메시지를 담고 있다. 악과 어둠의 제왕 사우론이 만든 '절대 반지'는 반드시 없애야 하는 것이다. 반지가 사우론의 수중에 들어가면 그가 세상을 지배하게 되기 때문이다.

『반지의 제왕』에는 특히 그리스도의 모습이 잘 드러나 있다.[30] 『나니아 나라 이야기』에서 그리스도가 '아슬란'을 통해 구현되어 있다면, 『반지의 제왕』에서는 그리스도의 면모가 여러 인물들에게서 다양한 모습으로 드러나 있다.

제1편 『반지 원정대』를 보면, 모리아의 동굴에서 괴물 발록과 싸우다 동료들을 구하고 자신은 어둠의 심연 속으로 추락해 죽었던 마법사 간달프가 제2편 『두 개의 탑』에서 다시 등장한다. 회색 간달프의 고귀한 희생이 받아들여져서 그는 부활한 몸으로 다시 중간계에 돌아갈 수 있도록 허락받았던 것이다. 그리고 그는 찬란한 백색 빛을 발하며 한층 강력한 마법을 소유한 존재로 변화되었다. 우리는 이 간달프에게서 예수의 죽음과 부활을 발견한다. 그리고 절대 반지가 파괴되고 어둠의 세력이 물러난 뒤 진정한 왕으로 등극한 아라곤에게서도 왕이신 그리스도를 발견한다. 또한 악의 세력을 물리치기 위해 자기희생을 각오하고 원정에 참여하여 묵묵히 자신의 임무를 완수한 호빗 프로도에게서도 우리는 골고다의 예수를 발견한다.

무엇보다도 평범한 호빗인 프로도의 삶 속에서 예수의 면모가 발견된다는 사실에서 우리는 그리스도인 모두가 예수를 본받고 살아가야 한다는 사실, 또한 그런 삶을 살 때 평범한 자도 위대한 사역을 감당할 수 있다는 사실을 깨닫게 된다. 프로도는 자신에게 맡겨진 반지를 운반하여 파괴하는 임무를 포기할 수도 있었을 것이다. 우리 역시 우리에게 맡겨진 임무들을 피해 안이한 삶을 선택할 수도 있다. '나는 보잘것없는 존재이니까'라는 식으로 스스로를 합리화하면서 말이다. 그러나 우리가 프로도처럼 희생을 감수하면서 우리 자신에게 맡겨진 십자가를 기꺼이 짊어질 때, 우리는 그리스도처럼 살 수 있는 것이다. 『반지의 제왕』은 그런 삶으로 우리를 초대한다.

C.S. 루이스

클라이브 스테이플즈 루이스(Clive Staples Lewis, 1898~1963)
는 저명한 기독교 사상가이자 기독교 문학가이다.[31] 북에이레
의 벨파스트에서 변호사인 아버지와 목사의 딸인 어머니 사이
에 태어난 그는 세 살 터울의 형 워런과 함께 유복한 유년기
를 보냈다. 루이스가 일곱 살이 되던 해에 루이스 가족은 벨파
스트 교외에 위치한 저택('작은 초원의 집 Little Lea'으로 불림)
으로 이사를 갔다. 호수와 언덕이 바라보이고 뱃고동 소리가
들리는 그 집에서 어린 루이스는 문학적인 감수성을 일구어
나갈 수 있었다. 집에는 아버지가 자식들을 위해 마련한 책이
많이 있었다. 루이스는 이 책들을 열심히 읽었을 뿐 아니라,
형과 함께 다락방에 올라가 책에서 읽은 이야기를 바탕으로

C.S. 루이스.

자유로운 상상의 날개를 펼치곤 했다.

그들 형제에게는 아버지로부터 물려받은 신체적 결함이 있었는데, 그것은 엄지손가락 관절이 하나뿐이라는 것이었다. 그 때문에 손으로 무엇을 만드는 일을 제대로 할 수 없었던 루이스는 집이나 배 등을 만들고 싶어 하는 간절한 마음을 접고, 대신 이야기를 쓰는 일에서 창작의 기쁨을 누릴 수밖에 없었다. 결국 그의 신체적 결함이 그의 문학적 재능을 키우는 데 일조하였던 것이다. 그는 다락방 중 하나를 서재로 꾸며 자신만의 세계를 만들고, 거기서 글을 쓰고 그림을 그리며, 꼬마 작가로서의 즐거움을 누려나갔다. 그러나 에덴 동산에서와 같은 행복한 유년기는 영원히 지속될 수 없었다. 루이스가 아홉 살 되던 해에 그의 어머니가 암으로 세상을 떠났다. 이와 동시에 그의 낙원은 잃어버린 낙원이 되었다. 후일 그는 『예기치 못한 기쁨』에서 이렇게 술회한다.

어머니의 죽음과 더불어 모든 안정된 행복이, 고요하고 의지할 만한 모든 것이 내 삶에서 사라져버렸다. 재미있고 즐

거운 일도 많았고 순간적인 '기쁨'도 많았으나, 이전의 안정
감은 더 이상 존재하지 않았다. 이제 바다와 섬들만 남아 있
다. 거대한 대륙은 아틀란티스처럼 가라앉아버렸다.[32]

어머니를 떠나보내면서 어린 루이스의 신앙에도 변화가 왔
다. 성공회에 소속되어 있던 집안에서 자라난 루이스는 진정
하나님이 전능하고 선한 분이라면 어떻게 어머니가 고통 가운
데 죽어야 하는지 이해할 수 없었던 것이다. 그 후 학교 교육
을 통해 루이스는 어릴 적 가졌던 신앙을 회복하기도 하고 잃
기도 하는 과정을 거듭한다. 그리고 마침내 지적으로 정직한
자세를 취할 때에라야 하나님을 믿을 수 있다는 결론을 내리
고 1929년 유신론으로 회심하였고, 이어서 기독교로 회심하였
다. 『순례자의 귀향』 제3판 후기(後記)에서 루이스는 자신의
지적인 과정을 다음과 같이 요약하고 있다:

> 대중적인 실재론(popular realism)에서 철학적인 관념론
> (philosophical idealism)으로, 관념론에서 범신론(pantheism)으
> 로, 범신론에서 유신론(theism)으로, 유신론에서 기독교(chris-
> tianity)로.[33]

10대 소년 시절에 예이츠와 메텔를링크의 신비주의를 비롯
한 다양한 심령 현상에 관심을 가지기도 했지만, 그의 주된 지
적 입장은 유물론이었다. 대학에서 철학을 본격적으로 공부하

면서 그는 버클리의 유신론적 관념론, 베르크손의 진화론적 관념론, '영국 헤겔학파'의 관념론 등에 경도되었다. 다양한 관념론에 대해 공부하는 가운데 루이스는 브래들리의 사상을 접하게 되었는데 이 영국 학자의 사상은 힌두교의 브라흐만-아트만 사상과 유사한 범신론적인 사상이다. 즉, 브래들리의 철학에서 모든 것을 포괄하는 절대자는 초월적 존재라기보다 자연에 내재된 존재이기에 루이스는 이를 범신론이라고 생각한 것이다.[34]

루이스는 체스터턴의 『영원한 인간 *The Everlasting God*』을 통해 처음으로 기독교의 개요를 접하고서 그것이 이치에 맞는 말이라고 생각했다. 그러나 아주 심각한 동요를 일으키지는 않았는데, 얼마 후 루이스는 또 다른 도전(이번에는 매우 심각한 도전)과 마주치게 된다. 그 도전은 자신의 친구를 통해 온 것이었다. 철저한 무신론자였던 한 친구가 하루는 루이스에게 복음서의 역사적 증거가 매우 강력하다고 주장했다(그러나 이는 복음서의 절대성과 유일성을 인정하는 말은 아니다). 친구는 그 말에 이어 다음과 같이 말했다.

> 죽는 신(Dying God)에 대한 프레이저(Frazer)의 자료 말이야, 범상치가 않아. 정말로 일어났던 일 같다는 생각이 들어.[35]

종교와 신의 세계를 완전히 무시해 온 그 친구의 생각에 큰 변화가 온 것이다. 즉, 복음서도 '이교' 신화도 터무니없는 게 아니라는 것이다. 친구의 견고한 '무신론' 신앙이 흔들리는 모습을 보고 루이스는 충격을 받았다. 그리고 그는 자신을 점검해 보았다. 그렇게 자신의 철학에 확신을 갖지 못했던 그는 결국 회심하였다.

1929년 부활절 이후 학기에 나는 드디어 항복했고, 하느님이 하느님이라는 사실을 인정했으며, 무릎을 꿇고 기도했다.

그러나 이 회심은 단지 유신론으로의 회심이었다. 신의 존재를 인정한 것에 불과한 것이다. 그의 고백은 이렇게 이어진다.[36]

아마 그날 밤의 회심은 온 영국을 통틀어 가장 맥 빠진 회심이자 내키지 않는 회심이었을 것이다.

루이스가 어쩔 수 없이 승복한 하느님은 완전히 비인격적인 신이었다. 루이스는 지적으로 유신론자가 되긴 했으나, 여전히 복음서와 신화의 신빙성에 대해 해결을 하지 못하고 있었다. 친구와 대화를 나눈 지 5년 후(1931년), 루이스는 톨킨과 강가를 거닐며 대화를 나누다 이 문제를 해결하게 된다. 톨킨은 루이스에게 다음과 같이 말한다.

우리 인간은 하나님으로부터 비롯된 존재이다. 그러므로 인간이 만들어낸 신화는 비록 인간의 그릇된 생각을 포함하고 있을지라도 진정한 빛, 하나님 안에 존재하는 영원한 진실에서 떨어져 나온 단편을 반영하고 있다. 신화를 창작함으로써, 부(副)창조자가 되어 이야기를 만들어냄으로써, 인간은 타락 이전에 경험했던 온전한 상태를 경험할 수 있다. 신화는 잘못된 방향으로 인도될 수도 있지만 아무리 험한 폭풍 속에서라도 진실의 항구를 향해 나아간다.[37]

함께 산책을 나갔던 다이슨도 톨킨과 동일한 의견을 피력했다. 루이스는 이들의 말을 통해 그리스도의 이야기가 진정한 신화임을, 다시 말해 다른 신화들과 마찬가지 방식으로 우리에게 작용하는 신화이지만 '실제로 일어난' 신화라고 이해했다. 이로써 루이스는 이교 신화와 기독교의 관계를 이해함과 동시에, 하느님을 믿는 데서 그리스도를 믿는 신앙으로 옮아갔다.[38]

루이스의 삶에는 톨킨의 삶과 유사한 면이 있었다. 두 사람 모두 어린 시절에 어머니를 여의었고, 옥스퍼드 대학에서 수학했고, 제1차세계대전에 참전했으며, 전쟁 도중 가장 절친한 친구를 잃었다. 무엇보다도 이들은 어린 시절부터 동화와 상상력의 세계에 흠뻑 빠져 있었으며, 북유럽의 신화와 전설에 각별한 관심을 가졌다. 다섯 살 적에 자신만의 동물 나라를 상상 속에서 창조한 적이 있었던 루이스는, 소년 시절에 바그너의 오페라 「니벨룽겐의 반지」 내용을 요약한 잡지를 읽은 후 영웅시를 쓰기도 했다. 그 후엔 북유럽적인 주제를 그리스 비

극의 형식에 담은 『사슬에 묶인 로키 *Loki Bound*』를 완성하기
도 했다. 이 두 사건은 루이스가 15살도 채 안 되었을 적에 일
어난 일이다.

루이스에게 가장 강력한 영향력을 미친 작가는 조지 맥도
널드이다. 16살 때 루이스는 기차역에서 조지 맥도널드의 『팬
타스티스 *Phantastes*』를 구입한 후, 기차를 타고 기숙학교에 돌
아와 그날 밤 그 작품을 읽으면서 깊은 감명을 받았다.

> 그날 밤, 나의 상상력은 어떤 의미에서 세례를 받았
> 다……나의 나머지 부분들이 모두 세례를 받기까지는 더
> 오랜 시간이 걸려야 했다.[39]

그는 맥도널드를 기꺼이 자신의 스승으로 간주했고, 자신의
모든 책에는 맥도널드의 글을 인용한 것으로 기억한다고 밝히
고 있다.[40] 그는 맥도널드를 가장 천재적인 신화 작가라고 평
가한다.

비록 루이스가 맥도널드의 작품을 읽는 즉시 그리스도인으
로 회심한 것은 아닐지라도, 맥도널드와 함께 에드먼드 스펜
서(Edmund Spenser), 존 번연, 조지 허버트(George Herbert)를
비롯한 많은 그리스도인 작가들의 글을 꾸준히 읽으면서 그의
옛 신념과 철학은 조금씩 무너졌고, 그의 마음은 자신도 모르
는 사이에 서서히 유신론을 향해, 그리고 종국에는 기독교를
향해 나아갔던 것이다.

그리스도인이 된 뒤 루이스는 1933년에 존 번연의『천로역정 The Pilgrim's Progress』을 원형으로 삼은 작품『순례자의 귀향 The Pilgrim's Regress』을 출간한 것을 필두로 기독교 서적들을 계속해서 집필해 나간다. 한편 그는 과학 소설도 창작했는데, 우주소설 3부작(Space Trilogy)으로 알려져 있는『침묵의 행성에서 Out of the Silent Planet』(1938)『페럴란드라 Perelandra』(1943)『그 끔찍한 힘 That Hideous Strength』(1945)을 잇달아 발표했다. 루이스가 남긴 가장 유명한 작품은『나니아 나라 이야기』이다. 모두 7권으로 이루어진 이 시리즈는 톨킨의『반지의 제왕』과 더불어 전세계적으로 큰 반향을 불러일으켰다. 루이스는 그 첫 권인『사자와 마녀와 옷장 The Lion, the Witch and the Wardrobe』(1950)을 발표한 뒤 매년 한 권씩 출간하여, 1956년『마지막 전투 The Last Battle』로써 시리즈를 완결 지었다.『나니아 나라 이야기』를 이 시리즈 가운데 가장 중요한 작품인『사자와 마녀와 옷장』을 중심으로 살펴보기로 하자.

『사자와 마녀와 옷장』

이 작품은 아슬란이 나니아를 창조한 지 60년이 지난 후에 페번시가(家)의 네 아이들(피터, 수잔, 에드먼드, 루시)이 행한 모험에 대한 이야기이다.

제2차세계대전이 한창이던 때, 이제는 노교수가 된 디고리 커크―『마법사의 조카』에 보면 디고리는 소년 시절에 나니아를 방문한 적이 있다. 거기서 그는 무의 세계(world of Nothing)에서 아슬란이 나니아를 창조하는 광경을 지켜보았다. 이 새로운 세계가 만들어진 지 채 다섯 시간이 지나지 않아 악이 침투했다― 의 저택에 네 명의 아이들이 런던의 공습을 피해 지내러 온다. 어느 날 숨바꼭질을 하고 놀던 막내 루시가 빈 방에 있는 옷장에 들어갔다가, 그 옷장이 나니아로 통하는 문임을 발견한다. 이후 에드먼드도 옷장을 통해 나니아 나라에 갔다가 하얀 마녀를 만난 후 다시 옷장을 통해 저택으로 되돌아온다. 이후 네 명의 아이들 모두가 옷장을 통해 나니아로 들어가게 된다. 그 나라는 말하는 동물들과 신화적인 존재들이 실재하는 곳이다. (오래전에 디고리가 찾아갔던 때와는 달리) 나니아에는 하얀 마녀 제이디스(Jadis)가 거주민을 거의 다 학살하고, 적들을 모두 돌(석상)로 만들어버렸다. 그녀는 또 나니아를 크리스마스가 없는 영원한 겨울 상태로 만들고서, 자신은 여왕이 되어 통치하고 있었다. 나니아의 말하는 짐승들은 은밀히 그녀의 멸망을 간절히 기다리고 있었다. 네 아이를 만난 비버는 아이들에게 하얀 마녀의 사악한 마법에 대해서 이야기해 주었고, 해방자인 사자 아슬란(Aslan, 터키어로 사자를 뜻함, 바다 황제의 아들이자 숲의 왕)이 오고 있으며, 다음 날 돌탁자에서 아슬란을 만날 수 있다는 소식을 전해 주었다.

　네 아이 중 에드먼드는 마녀를 처음 만난 후 불행히도 교만과 욕심에 이끌려 하얀 마녀의 영향권 내로 편입되어 있었다. 그는 비버와 다른 아이들이 대화를 나누는 사이에 몰래 빠져나가 하얀 마녀에게로 가서 다른 세 명의 아이들이 나니아에 왔다는 사실과 비버에게서 들은 아슬란에 관한 소식에 대해 낱낱이 일러바쳤다. 하얀 마녀는 아슬란과 네 명의 인간이 나니아에 와서 악을 바로 잡고 새로운 통치의 시대를 연다는 예언을 알고 있었기에 그 예언이 실현되지 않도록 방해하려고 했다. 비버는 에드먼드로 인해 위기에 처한 아이들에게 아슬란에게 찾아가서 도움을 청하라고 충고한다. 아슬란을 만나러 가는 길에 그들은 산타클로스를 만나 신비한 무기들과 물약을 선물로 받는다. 그리고 그들은 마녀의 마법이 풀리고, 나니아에 봄이 다시 찾아옴을 보게 된다. 돌탁자가 있는 언덕에 도착한 그들은 나니아의 모든 선한 피조물들에 의해 옹위되어 있는 아슬란을 목도한다. 하얀 마녀는 원래 바다 황제의 사형 집행인으로서 나니아의 모든 반역자를 죽일 권리를 가지고 있었다. 에드먼드는 죽을 수밖에 없었다. 마녀와의 협상 끝에 아슬란은 자신이 에드먼드 대신 죽겠다고 자원한다. 아슬란은 적들에게 묶여 침 뱉음을 당하고, 조롱당하고, 결국 하얀 마녀에 의해 살해당한다.

다음 날 수잔과 루시는 부활한 아슬란이 아침 햇살에 빛나고 있는 것을 보았다. 아슬란은 그 어느 때보다 더 거대한 모습으로 변해 있었다. 마녀는 몰랐지만 결백한 자가 반역자의 죄를 대신하여 목숨을 바치면 돌탁자는 깨지고 죽음 자체가 다시 원상태로 돌아가는 더 심오한 마법이 있었던 것이다. 아슬란은 두 아이들을 등에 태우고 서쪽에 있는 하얀 마녀의 성으로 바람처럼 달려갔다. 그는 돌로 변했던 모든 동물들을 다시 살려놓았고, 마녀의 성을 폐허로 만들어 버렸다. 그들이 서둘러 동쪽으로 돌아왔을 때, 피터와 그의 친구들은 하얀 마녀 그리고 그녀의 추종자들과 생사를 건 전투를 하고 있었다. 아슬란이 하얀 마녀를 죽임으로써 전투는 완전한 승리로 끝난다. 결국 아슬란은 네 아이들에게 왕관을 씌어주었고, 이들은 나니아의 왕과 여왕이 된다. 나니아를 통치하던 어느 날, 아이들은 흰 수사슴 사냥을 나갔다가, 그들이 나니아에 들어왔던 통로인 옷장을 통해서 다시 디고리 커크의 저택으로 돌아온다.

적잖은 이들이 『나니아 나라 이야기』를 '알레고리'로 이해한다. 즉, 아슬란은 그리스도를 표상한다(represent)고 이해하는 것이다. 그러나 『나니아 나라 이야기』가 알레고리냐고 질문하는 이들에게 루이스는 그렇지 않다고 대답한다. 그는 『나니아 나라 이야기』를 가정(假定, supposal)이라고 규정하여, 이를 풍유(allegory) 혹은 표상(representation)과 명확히 구분한다.[41] 1954년에 어린 학생들에게 보낸 편지에서 루이스는 다음과 같이 말한다.

너희가 이 책의 모든 것이 우리 세상에 있는 것을 '표상하고 있다'고 생각한다면, 너희의 생각은 옳지 않다. 『순례

자의 귀향』에서는 그러했지만, 이 책에서는 그렇지가 않단
다. '그리스도가 우리 세계에 실제로 존재하는 모습을 나니
아의 사자를 통해 표상해 보자'라고 난 의도하지 않았어. 대
신 난 이렇게 생각했지. '나니아와 같은 나라가 존재하고,
우리가 사는 세상에서 인간이 되셨던 하나님의 아들이 거기
서는 사자가 되셨다고 가정해 보자. 그렇다면 무슨 일이 일
어날까, 그걸 상상해 보자.'42)

루이스는 나니아 이야기 전체가 그리스도에 관한 이야기임
을 인정한다. 그 이야기는 "나니아와 같은 세상이 있는데, 거
기에 악이 들어와 타락해 가기 때문에 그리스도가 그 세상에
가서 구원하신다면, 어떤 일이 전개될까?"라는 질문에 대한
루이스 자신의 대답이다. 그렇다면 그리스도가 왜 사자로 등
장하는가? 그것은 나니아가 말하는 짐승들의 세계이기 때문이
다. 우리가 사는 세상에서 그분이 인간이 되셨듯이, 말하는 짐
승들의 세계에서 그리스도는 말하는 짐승이 되신 것이다. 사
자가 일반적으로 모든 짐승들의 왕으로 인정받고 있는 점과,
또한 사자를 그리스도에 인유하는 성경 구절들(「창세기」 49 :
9-10, 「요한계시록」 5 : 5)의 존재도 루이스의 상상력에 영향을
미쳤다. 루이스는 『나니아 나라 이야기』 시리즈에서 다룬 내
용을 다음과 같이 정리한다.43)

『마법사의 조카』 : 나니아의 창조와 악의 기원

『사자와 마녀와 옷장』: 십자가 수난과 부활

『캐스피언 왕자』: 타락 이후의 진정한 종교 회복

『말과 소년』: 불신자의 부르심과 회심

『새벽 출정호의 항해』: 영적인 삶

『은의자』: 어둠의 권세에 대항한 끊임없는 전쟁

『마지막 전투』: 적그리스도의 출현, 세상의 종말과 마지
막 심판

리얼리즘 문학과 환상문학

『비평의 실험 *An Experiment in Criticism*』에서 루이스는 리얼리즘 문학의 도전에 맞서서 환상문학을 설득력 있게 옹호하고 있다. 그는 리얼리즘에는 두 종류, 즉 묘사의 리얼리즘(realism of presentation)과 내용의 리얼리즘(realism of content)이 있다고 지적한다.[44] 묘사의 리얼리즘은 "어떤 것을 우리 가까이로 가져와서 면밀하게 관찰하거나 혹은 면밀하게 상상한 세부를 명료하고 생생하게 만들어 주는 기법"이다. 한편 창작한 허구의 세계가 개연성이 있거나 '실물 그대로(true to life)'일 때 그것은 내용의 측면에서 사실주의적(realistic in content)이 된다. 루이스에 의하면, 두 가지의 리얼리즘은 상호 독립적이다. 두 가지 모두를 취하는 작품이 있고, 둘 중 하나만 취하는 작품이 있으며, 그 어느 것도 취하지 않는 작품도 존재한다. 예를 들어 '판타지' 작품에는 내용의 리얼리즘은 없더라도 묘사의 리

얼리즘은 있을 수 있다.『실마릴리온』이 그러하다. 걸작품은 네 가지 모두의 방식을 통해 탄생할 수 있다고 루이스는 역설한다.

그런데 루이스가 활동할 당시의 지배적인 취향은 최소한 내용의 리얼리즘을 요구했다. 19세기 소설의 위대한 성취로 인해 우리는 '내용의 리얼리즘'을 기대하고 높이 평가하도록 훈련되어 왔다. 반면에 낭만적인 것, 목가적인 것, 환상적인 것들에는 '도피주의'라는 낙인을 찍어서 무시하고 경멸하려는 경향이 널리 퍼져 있다. 될 수 있으면 이러한 작품을 읽지 말라고 충고하기도 한다. 내용의 사실주의를 지닌 작품은 '실생활(real life)'을 보여주지만, 그렇지 않은 문학은 '인생에 대한 그릇된 그림(false picture of life)'을 제시하며, 따라서 독자를 속인다는 것이다.

이러한 관점이 주류 문학의 견해로 형성되면서 어린이 환상동화, 판타지, 과학 소설 등 이 모두가 진지하지 못하고 열등한 문학으로 평가되어 왔다. 넓은 의미의 '환상문학'은 주변화되었으며 하위문학으로 인정되어 온 것이다. 톨킨이나 루이스도 이런 작품들을 창작하면서 줄곧 학자들과 평론가들의 멸시 혹은 무관심과 마주쳐야 했다. 루이스는 이러한 주류 관점에 맞서 환상문학이 속임수가 아님을 강변한다. 그는 오히려 (내용의) 리얼리즘이야말로 독자를 속일 수 있다고 말한다.

내용의 리얼리즘이 결여되어 있는 작품이 있다고 하자. 어떤 작가가 작품에서 중간계를 다루거나, 나니아 나라를 다루거나, 마법사의 활약을 다룬다면, 거기에는 내용의 리얼리즘이 존재하지 않는다. 우리의 실생활에서 그 작품 속에 등장하는 세계나 존재를 찾아볼 수가 없기 때문이다. 그러면 작가는 과연 독자를 속이고 있는 것인가? 만일 작가의 의도가 독자로 하여금 그런 세계나 종족이 실제로 존재한다고 믿게 하는 데 있다면, 그 작가는 독자를 속인다고 말할 수 있다. 그러나 작가는 자신이 그리는 세계를 독자가 상상의 세계로 받아들인다는 사실을 알고 있다. 톨킨의 경우처럼 비록 중간계와 여러 종족들을 매우 사실적으로 묘사하여, 그것을 마치 실재하는 세계처럼 보이게 만들지라도 작가는 독자가 속지 않을 것임을 알고 있다. 그렇다면 그것은 속이는 게 아니다.

어린이들은 요정 이야기(옛이야기)에 속지 않는다. 그들은 학교에서 배우는 이야기에 흔히 심각하게 속는다. 어른들은 과학 소설에 속지 않는다. 그들은 여성 잡지에 나오는 이야기에 속는다. 우리 가운데 그 누구도 『오디세이아』『칼레발라』『베오울프』 혹은 맬로리(Malory)에게 속지 않는다. 실제적인 위험은 진지한 얼굴을 띤 소설 속에 잠복되어 있다.[45]

J.K. 롤링

    조앤 롤링(Joan K. Rowling, 1965~)의 삶과 『해리 포터』의 성공은 그 자체로 하나의 동화이다.[46] 조앤의 특출한 상상력은 독서를 즐겼던 양친이 틈만 나면 딸에게 책을 읽어주곤 했던 조앤의 어린 시절부터 형성되었다. 이야기의 세계에 빠져 상상력을 지펴가던 그녀는 여섯 살 때 '토끼' 이야기를 지어 내 두 살 아래의 여동생에게 들려주었다. 그것은 주인공 토끼가 홍역에 걸려 집에 누워 있는데, 동물 친구들이 병문안을 온다는 내용의 이야기였다. 조앤은 동생에게 들려준 그 이야기를 곧 연필로 적어나가기 시작했다. 이것이 그녀의 생애 첫 작품이었다. 그리고 열 살 무렵엔 두 번째 작품인 「일곱 개의 저주받은 다이아몬드」라는 단편소설을 쓰기도 했다.

조앤의 유년기와 청소년기는 끊임없이 책을 읽고 이야기를 만들어 나가는 삶의 연속이었다. 그녀는 특히 C.S. 루이스의 『나니아 나라 이야기』와 제인 오스틴의 『에마 Emma』를 즐겨 읽었다. 고전과 신화적인 이야기에 관심이 많았던 대학 시절에 조앤은 톨킨의 『반지의 제왕』을 너덜너덜해질 때까지 읽었다고 한다.

조앤 롤링은 엑세터(Exeter) 대학에서 불어불문학을 전공하게 된다. 이는 장래에 비서나 통역사로서 직장을 구하기 쉬우리라고 판단한 부모의 견해를 존중한 선택이었다. 대학을 졸업한 후 그녀는 부모의 희망대로 국제사면위원회에서 비서라는 안정된 직장 일을 얻게 되었지만, 창조적 상상력으로 가득 차 있던 조앤에게 비서 업무는 도무지 맞지 않았다. 일을 하는 동안에도 머릿속엔 온통 이야기 구상으로 가득 차 있었던 것이다. 그런 그녀가 일을 잘 감당했을 리 없고 결국 해고되었다. 그 후 조앤 롤링은 맨체스터 상공회의소에서 사무직으로 근무하게 되었다. 런던의 집에서 맨체스터로 기차 통근을 하던 시절, 그녀는 기차에서 책을 읽거나 글을 다듬거나 바깥 풍경을 바라보는 혼자만의 즐거움을 누려 나가곤 했다. 『해리 포터』는 이 기차 안에서 탄생했다.

1990년 6월 어느 날 일을 마치고 런던으로 돌아가던 도중, 조앤은 기계장치에 문제가 생겨 기차가 4시간가량 지체할 것이라는 안내 방송을 듣고, 차창 밖으로 풀을 뜯고 있던 홀스타인 얼룩소들을 바라보다가, 문득 해리에 관한 아이디어가 떠올

J.K. 롤링.

랐다고 한다. 머릿속에는 마법 학교에 입학하라는 통지서를 받을 때까지 자신이 마법사인 지 몰랐던 소년에 관한 이야기 가 그려졌다. 조앤은 눈을 감 고 해리에 대한 상상을 계속해 나갔다. 기차가 런던에 도착했 을 때는 이미 『해리 포터』 제1 권의 기본 구상이 자리잡고 있 었고, 그녀는 자신의 방으로 들어가 상상한 내용을 미친 듯

이 적어 나갔다. 맨체스터에서 계속 직장 생활을 하면서 롤링 은 소년 마법사의 모험담을 구체화해 나갔다. 이 시절에 그녀 는 『해리 포터』 시리즈를 일곱 권으로 할 것을 이미 결정해 놓았다고 한다.

상상의 세계 속에서 '해리 포터'와 함께 지내던 달콤한 기간 동안에 조앤은 어머니와 영원한 이별을 하게 된다. 동맥경화로 진단받은 지 1년 만에 45세의 나이로 세상을 떠난 것이다. 여 동생과 함께 조앤이 만들어낸 이야기를 즐겨 들어주곤 했던 어 머니의 죽음은 큰 충격이었다. 마음의 안정을 찾을 수 없었던 조앤은 상공회의소 일자리마저 그만두었다. 조앤은 '해리 포터' 를 창작하면서 이 어려운 기간을 견뎌내었다. 다시는 사무직에 종사하고 싶지 않았던 조앤 롤링은 포르토의 한 학교에서 영어

교사를 구한다는 광고를 보고 포르투갈로 떠난다.

가르치는 일은 사무직보다는 훨씬 흥미로웠다. 게다가 수업이 오후에만 있었기에(토요일에만 오전 두 시간) 오전 내내 글을 쓸 수 있어 좋았다. '해리 포터'의 이야기는 이제 점점 그 형체를 갖추어 갔다. 그녀는 이 책이 어린이뿐 아니라 어른도 읽을 수 있는 책이 되도록 문체를 유지하기로 결정했다.

포르투갈에 체류하는 동안 조앤은 한 포르투갈 청년을 만나 사귀게 되었고, 결국 둘은 1992년에 혼인식을 올리게 된다. 이듬해에 딸이 태어났고, 그들은 딸에게 제시카라는 이름을 붙여주었다. 그러나 그들의 결혼 생활은 점점 파국을 향해 치달았고, 결국 남편에게 쫓겨나 길거리로 내몰린 롤링은 4개월 된 아기와 '해리 포터' 원고를 안고 모국으로 돌아갔다. 그리곤 곧 여동생이 살던 에든버러로 향했다. 거기서 그녀는 생계 보조비와 주택 수당에 의지해서 궁핍한 생활을 유지하며 '해리 포터' 이야기를 이어 나갔다. 에든버러에 온 지 일 년 반이 지났을 즈음에 그녀는 생활 보조 수당을 받는 형편에서 벗어날 수 있었다. 하지만 형편이 좀 나아진 것에 불과했지 어렵기는 여전했다. '해리 포터' 원고를 완성하고서도 출판 에이전트에게 보낼 원고를 위한 복사비가 없어 낡은 타자기로 원고를 직접 타이핑해야 했던 것이다. 다음해(1996년)에는 그녀의 인생에서 거대한 전환점이 기다리고 있었는데, 롤링은 전혀 기대하지 못했다.

『해리 포터와 마법사의 돌』을 탈고한 롤링은 손수 타자한 원고 두 부를 두 명의 에이전트에게 각각 보냈다. 그녀의 꿈은 소박한 것이었다. 출간이 되어 서점에 꽂혀 있는『해리 포터』를 볼 수만 있으면 하는…….그 중의 한 명인 크리스토퍼 리틀(Christopher Little)에게서 독점 계약을 원하는 답장이 왔다. 이후 리틀은 원고를 영국의 여러 출판사들에 보냈지만, 번번이 거절을 당했다. 이 원고는 약 열두 개의 출판사에서 거절을 당한 뒤에야 비로소 블룸스베리(Bloomsbury)에서 간행될 수 있었다. 출간 조건은 불과 1,500파운드였다. 원고의 저자는 'J.K. Rowling'으로 변해 있었다. 여자아이들은 남성 작가의 글을 읽지만 남자아이들은 여성 작가의 글을 읽지 않는다는 이유에서 리틀이 제안한 것이었다.

1997년 6월, 드디어『해리 포터와 마법사의 돌』이 출간되었다. 블룸스베리는 성공을 확신하지는 않았던 것 같다. 이 책은 하드백과 문고판으로 동시에 출간되었는데, 하드백의 1쇄가 500부에 불과했던 것이다. 그런데 미국의 한 출판사(Scholastic)에서 10만 달러를 지불하고 이 책의 미국 판권을 얻는 모험을 감행했다. 그리고 1쇄에서 무려 5만 부를 인쇄했다. 미국의 출판업자는 현자(Philosopher)를 마법사(Sorcerer)로 바꾸었다. 'Philosopher'라는 단어가 미국 아이들에게 너무 무거우리란 우려 때문이었다. 우리나라에서도 '현자의 돌' 대신에, 미국판의 제목에 따라 '마법사의 돌'로 번역되었다.[47]

『해리 포터와 마법사의 돌』은 발행 직후부터 열광적인 인기를 누린 것은 아니었다. 1997년 이 책이 출간된 직후 런던의 한 서점에서 롤링이 첫 낭송회를 열었을 때 참여한 독자는 단 둘뿐이었다고 한다. 초기에는 일본이나 대만을 비롯한 아시아 지역 모두 이 책의 번역, 출간에 소극적이었으며, 우리나라 출판사에서도 원작 출판 후 2년이 지나서야 출간하였다. 마법사를 다룬 이야기가 우리 정서에 잘 맞지 않으리라고 판단했던 것이다. 그러나 많은 사람의 예상을 깨고 이 책은 전세계적으로 평판을 얻기 시작했다. 그 인기는 급기야 눈덩이처럼 불어났으며, 마침내는 거대한 눈사태로 발전하였다. 출간된 후 4년 동안에 21개의 상을 수상한 이 책은 온 세계에 '해리 포터' 열풍을 불러일으켰고, 나아가 온 세계를 환상예술의 도가니로 몰아넣었다.

『해리 포터』와 기독교

해리 포터는 유명한 마법사 부부의 아들이다. 부모는 볼드모트라는 어둠의 제왕(악한 마법사)에게 살해되었다. 볼드모트는 한 살 난 어린 해리마저 죽이려 했으나 실패했다. 해리를 죽이는 데 실패했기에 그는 힘이 약화되어 사라져버렸다. 해리 포터는 자신의 과거에 대해 전혀 모른 채 이모 집에 맡겨져 멸시와 천대를 받으며 십 년을 지내게 된다. 해리는 11살이 되어 호그와트 마법학교에 입학하게 되면서 다양한 마법 수업을 받는 동시에 진기한 모험을 경험한다. 마법학교의 지하실에는 마법세계를 지켜주는 '마법사의 돌'이

보관되어 있는데 자신의 부모를 죽인 어둠의 제왕이 그 돌을 호시탐탐 노린다는 사실을 알고서 친구들과 함께 그 악한 마법사를 물리치고 마법사 세계의 영웅으로 인정받는다.

이 시리즈는 마법사로서 양성에 필요한 7년간(11세부터 17세까지)의 호그와트 마법학교 생활을 담는 총 7권(각 권당 1년)으로 계획되어 있다. (현재『해리 포터와 마법사의 돌』에서 출발해『해리 포터와 비밀의 방 Harry Potter and the Chamber of Secrets』『해리 포터와 아즈카반의 죄수 Harry Potter and the Prisoner of Azkaban』『해리 포터와 불의 잔 Harry Potter and the Goblet of Fire』『해리 포터와 불사조 기사단 Harry Potter and the Order of the Phoenix』으로 이어지고 있다.)

롤링에겐 톨킨이나 루이스가 지닌 방대한 학문은 없다. 북유럽의 다양한 고·중세어와 북유럽의 신화 및 전설에 관한 한 두 학자는 엄청난 지식을 축적했다. 그러나 그들에 비할 수는 없을지라도 롤링 역시 다양한 신화, 전설, 민담의 전통을 자신의 작품 속에 자유롭게 다룰 만큼의 충분한 지식은 지니고 있었다. 무엇보다도 그녀에게는 현대 사회를 배경으로 머글(Muggle)과 마법사, 현실의 세계와 마법의 세계라는 대립하면서 공존하는 두 세계의 이야기를 흥미진진하게 엮어내는 탁월한 능력이 있었다.

롤링의 이 작품은 구도 측면에서 톨킨의『반지의 제왕』그리고 루이스의『사자와 마녀와 옷장』과 어느 정도의 유사점을 지닌다. 우선 세 책은 모두 영웅의 모험담이다. 절대 반지를 파괴한 프로도와 샘, 하얀 마녀의 세력을 아슬란과 함께 무찌르고 나니아 왕국을 통치한 페번시가(家)의 네 아이들(피터, 수잔, 에드먼드, 루시), 어둠의 제왕에게 굴하지 않고 용감하게 마법사의 돌을 지켜낸 해리 포터 등 이들 모두가 영웅들이다. 영웅의 이야기는 신화에서나 아동문학에서나 모두 동일한 구도를 취한다. 즉, 집에서 시작하여 집을 떠나 모험을 하고 결국 집으로 되돌아오는데, 우리가 논의하는 세 이야기도 동일한 구도를 담고 있다. 그리고 세 작품 모두 선과 악의 대결을 주제로 담고 있다. 세 작품에는 각각 반지 원정대와 사우론, 아슬란과 제이디스, 해리 포터와 볼드모트 간의 투쟁이 담겨 있다. 『해리 포터』는 특히 『반지의 제왕』과 상당한 유사점을 지닌다. 두 작품은 프로도와 해리 포터, 이들을 돕는 현자(賢者)들인 간달프와 덤블도어, 이들의 적인 사우론과 볼드모트, 어둠의 제왕들이 자신의 세력을 회복하기 위해 노리는 절대 반지와 마법사의 돌 등에서 상통한다.

한편 이 세 작품 간에는 구도상의 차이점도 존재한다. 톨킨이 구분한 대로 우리가 사는 현실 세계를 1차 세계(primary world)로, 작가가 창조한 비현실적인 세계를 2차 세계(secondary world)로 규정한다면, 이 두 세계 간의 관계 문제에서 서로 간의 차이가 드러난다. 『반지의 제왕』의 경우엔 1차 세계가 존재하지 않고 2차 세계만 존재한다. 『반지의 제왕』은 중간계라는 가상공간 그리고 인간과 인간 이외의 종족들이 공존하는 가상의 시대를 그렸기 때문이다.『사자와 마녀와 옷장』에는 1차 세계와 2차 세계가 모두 다루어져 있다. 디고리 커크 교수의 저택은 1차 세계이다. 반면에 말하는 동물들과 마법이 존재하는 나니아 왕국은 2차 세계이다. 1차 세계와 2차 세계를 맺어주는 통로는 '옷장'이다.『해리 포터』에도 1차 세계와 2차 세계가 모두 등장한다. 평범한 인간인 머글들의 세계가 1차 세계라면, 호그와트 마법학교는 2차 세계이다. 1차 세계에서 2차 세계로 들어가는 통로는 '9와 4분의 3번 승강장' 그리고 '호그와트 급행열차'이다.

이제『해리 포터』시리즈는 최소한 그 작품이 환상문학에서 차지하는 비중에서『반지의 제왕』이나『나니아 나라 이야기』와 같은 판타지의 반열에 올랐다고 평가할 수 있다. 작품성의 측면에서는 비평가들의 평가를 좀더 기다려야 하겠지만, 독자들의 수용 면에서는 다른 두 작품을 훨씬 앞지르고 있는 실정이다. 톨킨과 루이스의 작품에 대해서도 사실상 기독교 근본주의자들의 반발이 있었다. 즉, 주술성의 위험이 있다는 것이다. 그러나 이들 작가가 신실한 그리스도인이라는 사실에 반발의 목소리가 많이 묻혔다면,『해리 포터』에 대해서는 상당한 저항이 뒤따랐다.

특정 문화 장르가 유행할 때 교회가 그 상황에 관심을 가지고 대처하는 것은 당연하다.『해리 포터』가 많은 사람들의 관심을 끌게 되자 기독교계에서는 산발적으로나마 이에 대한 진단과 처방을 내놓았다. 대개의 경우 기독교 공동체가『해리 포터』에 대해 표출한 것은 부정적인 견해였다. 『해리 포터』가 발간되자 영국의 어떤 미션 스쿨에서는 이 책을 읽지 못하도록 했으며, 폴란드 가톨릭교회도 『해리 포터』 시리즈를 어린이에게 금지시켜야 한다는 주장을 했다고 한다. 호주의 크리스천 아웃리치 대학은 『해리 포터』가 폭력적이고 위험한 내용을 담고 있다는 이유로 도서관에서 치웠다고 한다. 미국의 '그리스도 공동체 교회'는 『해리 포터』와 같은 책들이 '사탄 사기의 걸작'이라 주장하며 찬송을 부르면서 불태웠다는 보도가 있다. 또한 어떤 이는 『해리 포터』에 나오는 S자 모양의 '번개 표시'가 사탄주의(satanism)와 관련이 있다는 주장을 펴기도 했다.[48]

문화에 대한 그리스도인의 기준은 일반인들에 비해 까다로운 편이다. 성경적인 관점에서 판단한 이후에라야 특정 문화에 대한 수용이 이루어지기 때문이다. 『해리 포터』 시리즈가 크게 유행한 후 이에 대한 그리스도인들의 평가가 이어졌을 때, 초기에는 위와 같은 부정적인 입장이 대세를 이루었다. 이 작품에 마법과 마법사가 등장하기에 이런 평가는 많은 그리스도인에게 쉽게 받아들여졌다. 그러나 세월이 흐르면서 그 평가는 조금씩 바뀌고 있다. 오늘날 영국이나 미국에서는 이 작품의 기독교성이 조금씩 부각되고 있는 추세이다.

최근에 몇몇 그리스도인 학자들은 『반지의 제왕』이나 『나니아 나라 이야기』에서 뿐 아니라 『해리 포터』에서도 기독교적 요소를 발견할 수 있다고 주장한다. 『해리 포터』와 성경의 관계에 대해 매우 긍정적인 입장으로 접근하는 대표적인 학자는 영국 브리스틀에 소재한 트리니티 신학교 학장인 프랜시스 브리저(Francis Bridger)이다. 그는 『매혹적인 삶 : 해리 포터 세계의 영성 *A Charmed Life : The Spirituality of Potterworld*』을 통해 조앤 롤링이 톨킨과 루이스의 상상력 문학에 대한 계승자일 뿐 아니라, 이 두 작가의 신학적 전통도 계승하고 있다고 평가한다. 롤링이 비록 예수나 부활을 언급하지는 않지만 '사랑의 권능'이 '권능에 대한 사랑'보다 우월함을 가르친다는 것이다.[49]

이 문제에 대해 중도적인 입장을 취하는 코니 닐(Connie Neal)도 『해리 포터가 전하는 복음 : 세상에서 가장 저명한 탐구자의 이야기 속에 나타난 영성 *The Gospel According to Harry Potter : Spirituality in the Stories of the World's Most Famous Seeker*』에서 롤링의 작품 세계와 기독교 신앙의 가르침 사이에 때로는 뚜렷한, 때로는 흐릿한 병행이 존재함을 열거하고 있다.[50] 양자 사이에 존재하는 병행 혹은 인유(引喩)를 제시함으로써 코니 닐 여사는 『해리 포터』를 기독교를 위협하는 존재로 간주하여 물리칠 필요는 없다고 주장한다.

이교 종교 및 비학(秘學, occult)에 관한 전문가인 리처드 어베인스(Richard Abanes)는 『판타지와 당신의 가족 : 반지의 제왕, 해리 포터 그리고 현대 마술에 대한 탐구 *Fantasy and Your Family : Exploring The Lord of the Rings, Harry Potter and Modern Magick*』(여기서 'magick'이란 이교 전통의 마법이나 점과 같은

비학의 실행을 의미한다)에서 판타지 장르의 긍정적인 측면과 부정적인 측면을 동시에 고찰한다.[51] 그리고 일부의 아이들이 『해리 포터』를 읽은 이후 오컬트에 더 많은 관심을 가지게 되었음을 보여주는 자료들에 입각하여, 저자는 『해리 포터』에 나타나 있는 오컬트 관련 언급들에 대해 가지는 어느 정도의 두려움은 정당하다고 지적한다. 그는 『해리 포터』가 'magick' 적인 요소를 지니고 있다고 지적하고, 이 점에서 톨킨의 『반지의 제왕』과는 다르다고 역설한다.

현대의 판타지 부흥에 어떻게 대처할 것인가

환상문학 부흥의 이유 : 주술성과 상상력의 회복

환상문학이 우리 시대에 부흥하는 이유는 무엇일까? 이 질문에는 여러 가지 대답이 가능할 것이다. 문학 내적인 요인부터 문학 외적인 요인까지 다양한 이유가 존재할 것이다. 우선 재현(representation)의 위기를 들 수 있겠다. 이는 문학 언어가 과연 실재(reality)를 제대로 재현할 수 있는가에 대한 회의(懷疑)와 관련된다. 이러한 회의는 모더니즘 문학에서 이미 제기된 것인데, 포스트모더니즘에 이르면 재현의 위기는 심각한 도전을 받는다. 환상문학은 실재의 재현을 근본적으로 불신하는 포스트모더니즘 시대의 새로운 가능성 혹은 대안으로 부상하고 있다. 포스트모더니즘은 또한 고급문화와 저급문화, 본격문학과 대중문학 사이의 경계를 허무는 데도 많은 기여를 했다. 리얼리즘, 특히 모더니즘 계열의 진지하고 난해한 문학이 독자로부터 외면을 당한 상태에서, 대중들이 사랑해 온 문학형식들에 도움을 요청함으로써 문학의 소생을 꾀하는 작업이 포스트모더니즘의 이름으로 진행되었다. 이 과정에서 환상문학도 재평가될 수 있었다. 뿐만 아니라 이미지 시대의 도래도 환상문학의 부흥에 일조했다. 서양어 'fantasy'가 유래한 고대 그리스어 단어들(명사 phantasia : 드러남, 시각/ 동사 phantasō: 가시화하다)은 시각과 관련된 것이다. 이와 아울러 어드벤처 게임, 롤플레잉 게임 같은 전자 게임도 환상문학의 유행에 기반을 마련했다. 원래는 『반지의 제왕』 같은 환상문학이 전자 게임에 영향을 주었는데, 그것이 이제는 부메랑처럼 문학 진영으로 되돌아온 것이다. 이렇듯 여러 이유들을 나열할 수 있지만, 나는 환상문학 부흥의 가장 본질적인 원동력이 '주술성'과 상상력의 회복에 있다고 생각한다.

독일의 사회학자 막스 베버(Max Weber)에 의하면 근대는 합리화(지성화)와 결부되어 있으며, 이 합리화는 탈주술(脫呪術, disenchantment) 혹은 탈신성화에 기인한다. "이제 신비한 힘이 이 세계에서 사라졌고, 인간은 원칙상 계산에 의해 모든 것을 지배할 수 있다"고 근대인은 믿게 되었다. '초자연적인 것(supernatural)'은 이제 학문적인 탐구의 대상에서 제외되기 시작했을 뿐 아니라, 근대인은 모든 것을 자연의 차원에서만 고려하게 되었다. 근대에 형성된 대표적인 사조가 바로 자연주의(naturalism)이다. 자연주의는 초자연적인 것을 배제하고, 자연 바깥에는 아무것도 존재하지 않는다고 주장한다.

자연주의적인 태도는 합리적인 탐구에 매우 유리한 토양을 제공했고, 근대는 과연 눈부신 과학기술의 발전을 낳았다. 인간은 우주에 대해 엄청난 지식을 축적하게 되었고, 지적으로 '성숙한' 존재가 되었다. 그런데 인간은 과학적 지식만으로 만족하지 못한다. 이성과 과학이 채워주지 못하는 갈증이 분명 존재하는 것이다. 미국의 시인 휘트먼(Walt Whitman)의 「박식한 천문학자의 강연을 들었을 때」라는 시는 이 점에서 시사적이다.

> 내가 박식한 천문학자의 강연을 들었을 때
> 증명과 숫자들이 내 눈앞에 나열되었을 때
> 도표와 도형들이, 더하고 나누고 측정하는 것을 보았을 때
> 강의실에서 사람들의 찬탄을 받으며 강연하는 천문학자
> 의 이야기를 듣고 있다가
> 갑자기 피곤하고 싫증이 나서
> 자리를 떠 밖으로 나와 홀로 서성였다.
> 신비로이 습기 찬 밤의 대기 속에서
> 가끔씩 고요한 가운데 별들을 바라보았다.

영국의 낭만주의 시인 존 키이츠(John Keats)도 「라미아 *Lamia*」

에서 과학(이 시에서 '철학'은 자연철학으로서 오늘날의 과학에 해당한다)만이 지배하는 세계, 신화적 상상력이 배제된 세계의 황량함을 묘사하고 있다.

> 냉엄한 철학과의 단순한 접촉으로는
> 모든 매력적인 것들이 날아가지 않는다고?
> 한때 하늘에는 장엄한 무지개가 떠 있었다.
> 이제 우리는 그 성분과 조직을 안다.
> 그리하여 무지개는 단조로운 일상적인 것으로 분류된다.
> 철학은 천사의 양 날개를 묶어버리고,
> 자와 줄로 모든 신비를 정복하며,
> 귀신이 나오는 대기와 땅 신령의 보고(寶庫)를 없애고,
> 무지개의 조직을 풀어버릴 것이다.

밤하늘에 뜬 달과 별, 비온 뒤 하늘에 걸려 있는 무지개는 과학적 관측의 대상 혹은 물리적 실체로만 존재하는 것이 아니다. 우리는 그것들을 바라보며 경이감에 젖어 상상력의 나래를 펴고 인생과 우주에 대한 몽상 여행을 감행하기도 한다. 근대 합리주의 교육은 그러한 상상의 세계를 비과학적이라는 이유로 억눌러 왔다. 근대 교육은 우리로 하여금 너무 어린 나이에서부터 어린아이의 '유치함'을 벗어버리고 이성과 과학의 세계로 들어서게 만들었다. 그리하여 우리 인생에 참으로 고귀한 '꿈과 상상의 세계'를 말살해 왔다. 시인들, 특히 낭만주

의 시인들은 자연을 기계 장치로 바라보는 데카르트와 뉴턴 식의 기계론적 자연관에 반기(反旗)를 들어 왔다. 우리 모두는 자연에서 신비감과 생명력을 몰아내고 우리의 예술적인 상상 력을 파괴하는 근대 실증주의 교육의 희생자들이다. 뛰는 가 슴으로 무지개를 바라보는 아이, 이 아이는 어른의 아버지이 다. 꿈과 환상이 배제된 세계에서 우리는 다시 이들에게 활력 을 불어넣어야 한다.

자유로운 상상의 세계는 우리 인간에게 필수적이다. 인간은 이성과 과학만으로는 온전한 존재로 형성될 수 없다. 그리스 도인도 마찬가지다. 그럼에도 불구하고 기독교 예술은 창조적 인 상상력을 중시하기보다 추상적인 사상과 설교하는 태도만 을 강조하는, 불균형한 상태에 이르지 않았는가? 우리는 프랜 시스 쉐퍼의 다음과 같은 지적에 귀 기울여야 할 것이다.

그리스도인 예술가들이 환상이나 상상력으로 인해 위협 을 느낄 필요는 없다. 그리스도인은 자신의 상상력으로 별 들을 넘어 날아가야 하는 진정 자유로운 존재이다.[52]

환상예술은 과연 위험한 것인가

어느 해 부활절, 존 스토트 목사는 성 베드로 교회에서 예 수의 부활 이후 제자들의 변화된 모습에 대해 이야기하면서 베드로가 '토끼에서 사자로' 변했다고 표현한 적이 있다.[53] 이 말을 들은 한 부인은 '그러한 표현은 사람과 동물 사이에 영혼의 윤회가 있음을 시사한다'는 반박문을 존 스토트에게 써 보냈다고 한다. 존 스토트가 이 부인의 견해에 전혀 동의하지 않았음은 물론이다. 그런데 그리스도인이 그런 수사법을 사용해도 무방한가?

성경은 그러한 수사법 사용을 금하지 않는다. 우리는 성경 속에서 그러한 사용의 실례를 적잖게 발견할 수 있다. 「창세기」 49장은 야곱이 자식들을 불러 '후일에 당할 일'에 대해 예언하는 내용을 기록하고 있다. 여기서 우리는 다음과 같은 은유들을 발견한다. '유다는 사자 새끼로다' '잇사갈은 건장한 나귀로다' '단은 길의 뱀이요 첩경의 독사리로다' '납달리는 놓인 암사슴이라' '요셉은 무성한 가지라' '베냐민은 물어뜯는 이리라' 등. 신약성경에 보면 예수님도 헤롯을 '저 여우'라고 표현하고 있으며, 자신을 '문, 길, 생명의 떡'으로 비유하며, 또한 '나는 포도나무요, 너희는 가지'라는 은유를 사용하기도 한다. 우리는 문학적인 수사법을 문자 그대로 해석하지 않는다. 그러한 비유적 언어 속에 담긴 '의미'를 파악하고자 하는 것이다.

옛이야기의 세계에 대해서도 우리는 동일한 지적을 할 수 있다. 그것은 '픽션'의 세계이다. 사실상 모든 문학, 더 나아가 예술 자체가 '거짓말'의 세계이다. 하지만 그것은 '진실을 깨닫게 해주는 거짓말'이다. 우리는 픽션이라는 껍질의 아름다움을 맛보면서 동시에 그 속에 담겨져 있는 정신세계에 접하게 된다. 옛이야기 속에 고상하고 건전한 원칙이 간직되어 있음을 체스터턴은 이렇게 지적한다.

'거인 사냥꾼 잭'에는 기사도적인 교훈이 담겨있다. 거인들은 거대하기 때문에 죽여야 한다. 그것은 자만(自慢) 그 자체에 대한 용맹스러운 항거이다……'신데렐라'에는 마리아 찬가(Magnificat)에 담긴 교훈과 동일한 교훈이 있다. 즉, 비천한 자가 높아지리라는 것이다(exaltavit humiles). '미녀와 야수'에는 위대한 교훈이 담겨 있다. 어떤 것이 사랑스러운 것이 되려면 그 이전에 사랑을 받아야만 한다는 점이다. '잠자는 숲 속의 미녀'에는 대단한 알레고리가 담겨 있다. 즉, 인간은 탄생 때 모든 복을 받지만 이와 아울러 죽음이라는 저주도 함께 받는다는 것과, 잠이란 죽음의 완화된 형태일 것이라는 교훈이다.[54]

옛이야기에 이런 중요한 교훈이 담겨 있음을 인정한다 하더라도, 마법이 등장하는 것 자체가 그리스도인의 마음을 여전히 불편하게 만든다. 어른들은 이런 걱정을 할 수 있다. '옛이야기나 판타지를 읽은 아이들이 커서 마법을 믿지나 않을까?' '현실과 상상 세계를 구분하지 못하는 비현실적인 인간으로 성장하지 않을까?' 더 나아가, '사이비 종교 집단이나 신비주의 집단에 가입하거나, 마술 실행에 관심을 갖게 되지나 않을까?' '마법, 마술사 등에 익숙해진 아이들이 나중에 악한

영의 세계에 빠지게 되지 않을까?'……, 우리가 진정으로 두려워하는 것은 이런 것들이다. 그러나 상상력 연구가나 아동문학 연구가들에 의하면 어린 시절에 옛이야기의 세계와 접촉하지 못하는 것이야말로 오히려 더 위험하다고 한다. 누구에게나 이런 상상의 세계에 대한 경험이 필요한데, 어릴 때 적절한 경험을 하지 못할 경우, 나이가 들어서 이런 경험에 빠지게 될 가능성이 많다고 한다. 그리고 그 경우 불건전한 방향으로 치달을 위험이 있다는 것이다. 아동문학 연구에 많은 노력을 기울인 심리학자 브루노 베텔하임(Bruno Bettelheim)의 다음과 같은 말은 환상예술과 주술성에 대한 논의가 무성한 오늘날에도 여전히 의미심장한 통찰을 전해 주고 있다.

나는 어린 시절 냉엄한 현실로 인해 너무 일찍 마법을 박탈당한 것에 대한 보상심리로 청년기 후반에 마술에 몰두하는 경우를 많이 보았다. 마치 그 시기를 놓치면 인생에서 그 심각한 결핍 상태를 더 이상 메울 기회가 없음을 그 젊은이들은 느끼고 있는 것 같았다. 또는 마법에 매혹된 그 달콤한 경험 없이는 성인의 가혹한 삶에 대처할 수 없다고 느끼는 것 같았다. 오늘날 젊은이들 중에는 갑자기 약물에 의한 몽환의 세계에 빠져들거나, 도인의 문하생으로 들어가거나, 점성술을 믿거나, '흑마술'의 실행에 참여하거나, 아니면 또 이와는 다르게 자신의 삶이 갑자기 멋지게 바꾸어지는 마법적인 사건이 생길 거라는 현실 도피적인 백일몽에 빠져 있는 경우가 꽤 많다. 이런 젊은이들 중에는 어린 시절 너무 일찍 어른들의 조숙한 시각으로 현실을 보게끔 억압을 받았던 경우가 많다.[55]

유아는 자신의 주변에 있는 사물들이 생명을 가지고 있다고 생각한다. 그들은 자신이 사랑하는 인형이나 자신이 덮는 이불이 실제 강아지와 마찬가지로 생명체라고 여긴다. 이는 유아기의 자연스런 현상이다. 그런데 이는 진실이 아니다. 만일 어떤 부모가 유아에게 진실을 가르쳐야 한다는 의무감으로 '네가 생각하는 것은 사실이 아니다'라고 말하고, 아이가 비생명체를 생명체로 대할 때마다 교정해 준다면, 이 아이는 정상적으로 자랄 수 없을 것이다. 산타할아버지는 실제로 존재하지 않지만 아이들의 상상 속에 실재한다. 그리고 이렇게 믿는편이 더 아이답고, 아이의 정서에도 더 나을 것이다. 만일 서너 살 꼬마에게 산타할아버지는 다 가짜라고 가르친다면, 비록 진실이기는 하지만 과연 그것이 아이를 위해 유익한 일일까? 마법에 대한 어린이와 청소년의 관심은 자연스런 것이며, 그것은 성장 단계에서 꼭 필요한 것이다. C.S. 루이스 식으로 말하면 이는 그리스도에 의한 더욱 깊은 마법(the deeper Magic) 혹은 진정한 마법에 대한 그림자일 수 있다. 기적은 존재했었고, 현재에도 존재하고 있으며, 모든 그리스도인은 거대한 우주적 기적인 '예수의 재림'과 '잠자는 성도들의 부활'을 고대한다.

환상예술에 대한 그리스도인의 태도

기독교 환상문학의 고전으로 인정받는 톨킨의 『반지의 제왕』이나 루이스의 『나니아 나라 이야기』와 같은 작품들에 대해서도 '주술성'의 위험을 경고하는 그리스도인들은 항상 있어 왔다. 그러나 톨킨이나 루이스가 신화나 옛이야기의 양식을 사용한 것은 이러한 설화의 세계와 복음 사이에는 유사성이 있다고 판단했기 때문이다. 이들은 훌륭한 신화나 동화가 복음을 부분적으로 반영한다고 보았고, 동시에 복음이야말로 진정한 신화요, 진정한 동화라고 파악한 것이다. 그들은 그리스도 이전의 훌륭한 '이교 사상(paganism)'이 지혜를 가득 담고 있는 '선복음(pre-evangelism)'이 될 수 있다고 보았다.[56] 동시에 그들은 이교 사상의 한계를 깨닫고 있었으며 또한 복음의 절대성과 유일성을 견지했다. 어떤 의미에서 그들의 환상문학 작업은 신화와 옛이야기의 형식을 통해 독자가 복음을 받아들일 수 있는 준비 작업이었다고 말할 수 있다. 그리스도 이전의 훌륭한 이교도(pagan) 신화작가가 그리스도를 모른 채 '복음을 위한 준비(preparatio evangelica)' 작업을 했다면, 그들은 그리스도인으로서 그러한 작업을 감당했다.

신학교에서 신학과 윤리학을 가르치는 스미스(Stephen M. Smith) 교수는 C.S. 루이스에 대해 쓴 글에서 다음과 같은 이야기를 들려주고 있다.[57]

내가 가르치는 학생의 부인이 어렸을 때 루이스의 『사자와 마녀와 옷장』을 읽은 적이 있었다. 그녀는 '아슬란'을 깊이 사랑하게 되었고 '나니아(아슬란이 창조한 나라)'의 열렬한 팬이 되었다. 대학생 때 그녀는 회심을 했다. 그녀는 루이스가 그리스도인이라는 사실과 그 책 이외에도 여섯 권의 '나니아' 책을 더 썼다는 사실을 알게 되었다. 후일 자신의 회심을 회상하면서 그녀는 『사자와 마녀와 옷장』이 그녀를 '나니아'의 친구로 만들었을 뿐 아니라, 기독교적인 실재관(實在觀)에 눈을 뜨게 해주었다는 사실을 깨닫게 되었다. '나니아'는 그녀가 복음에 관심을 가지는 데 토대를 닦아주었다. 명확한 복음의 메시지가 그녀에게 전달되었을 때 그녀의 정신과 상상력은 복음을 듣고 이해할 준비가 이미 되어 있었던 것이다.

우리는 껍질만으로 환상문학에 주술성의 위험이 있다고 속단해서는 안 된다. 그 내용을 충분히 검토한 다음에 평가해야 한다. 물론 위험한 환상문학 작품도 존재한다. 사실주의 문학에 좋은 작품이 있고 나쁜 작품이 있듯이 환상문학도 이와 동일하다. 상업성에 물들어 폭력과 성에 대한 노골적이고 사실적(寫實的)인 묘사를 담은 작품이 존재하듯이, 동일한 주제를 환상적으로 다룬 작품도 존재한다. 또한 마술을 위한 마술, 어둠의 세력으로 우리를 인도해 가는 환상문학 작품도 존재할 수 있다.

사회주의 리얼리즘이 일반적으로 초자연적 요소와 종교 자체에 부정적이었다면, 이와 반대로 "판타지와 SF는 종교들의 발현에 필요한 옥토가 된다."[58] 만일 어떤 사람이 초자연과 종교에 대해 관심을 가지게 된다면, 우리는 그를 기독교로 인도할 수 있고, 이런 점에서 볼 때 이러한 관심에는 긍정적인 요소가 내재해 있다고 할 수 있다. 그런데 그 관심에는 이교로 인도될 수 있는 부정적인 요소도 동시에 내재해 있다. 가령『배틀필드 Battlefield Earth』『공포』『등화관제』등의 과학 소설을 쓴 론 허버드(L. Ron Hubbard)는 사이언톨로지의 창시자이다. 이중『배틀필드』는 2000년에 영화화되었는데, 이 영화에서 외계인 사령관 터얼 역을 맡은 존 트래볼타는 사이언톨로지의 열렬한 신도로 알려져 있으며, 할리우드의 적잖은 스타들 역시 1950년대에 미국에서 시작된 이 신흥종교의 신도들이다. 영혼 윤회와 외계인의 존재를 믿고 있는 이 종교에 대해, 독일과 프랑스 정부는 납치, 협박, 강제 감금 등의 범죄 행위를 일삼는 사교(邪敎) 집단으로 공식적으로 간주한 바 있다. 이런 작품에 대해서 우리는 성경적인 세계관에 입각하여 적절하게 판단, 대처해야 한다.

신화나 판타지는 진리의 미광(微光)을 반영할 수 있다. 동시에 그것이 진실 자체는 아니다. 작품의 내용 가운데 무엇이 진실한지 무엇이 진실하지 않은지를 동시에 가려내어야 한다. 엘리아데(Mircea Eliade)가 말하듯이 인간에겐 '초월에 대한 갈망'이 존재한다. 신화시대 혹은 전통 종교 시대에 신화나 종교

85

경전이 그 갈망을 충족시켜주었다면, 막스 베버의 표현대로 '탈주술화'된 오늘날에 이 욕구를 충족시킬 수 있는 것은 무엇인가? 초자연을 배제하는 자연주의 교육을 받으며 꿈과 환상을 잃어버린 오늘날의 청소년에게 이러한 갈망을 충족시킬 문화적 장치는 환상예술이 거의 전부이다. 오늘날 우리 사회에서 급증하는 신화와 판타지에 대한 큰 관심에서 우리는 초월의 세계 혹은 초자연의 세계에 대한 갈망을 읽을 수 있어야 하고, 진정한 초월의 세계로 인도할 수 있는 기독교 문화를 제시해야 한다.

만일 우리의 자녀들이 혹은 우리가 가르치는 주일학교 학생들이 『해리 포터』와 같은 작품을 접하고서 마법과 마법사에 대해 질문한다면, 우리는 그들에게 영적인 세계에 대해 가르칠 기회를 갖게 되는 것이다. 학교는 아이들에게 자연주의에 입각한 가르침을 편다. 즉, 존재하는 것은 자연일 뿐, 초자연적인 것은 존재하지 않는다는 전제 하에 아이들을 가르친다. 자연주의에 의하면 마법이나 악한 영적 세력은 존재하지 않는다. 동시에 자연주의는 하나님의 존재 역시 부인한다. 이것이 학교 교육의 한계이다.

우리는 학교가 줄 수 없는 대답을 제시할 수 있다. 마법에 대해 질문하는 아이들에게 우리는 우선 현실과 상상의 차이를 설명할 수 있다. 『해리 포터』의 세계는 현실의 세계가 아닌 상상의 세계라고. 또한 우리는 마법과 초자연적인 존재에 대해서도 설명할 수 있다. 자연주의는 기적을 부인하지만, 기독교는 기적이 가능함을 가르치며, 성경은 하나님이 행하신 기적의 실례들을 보여주고 있다. 성경은 동시에 악한 영적 세력이 존재하며, 이 세력과 이들의 힘을 입은 자들도 이적을 일으킬 능력이 있음을 가르쳐 준다. 애굽의 술객(術客)들도 지팡이를 던져 뱀을 만들 수 있었던 것이다. 우리는 또한 하나님의 기적과 악한 영들의 마술 사이에 내재하는 차이를 설명해 줄 수 있다. 그 궁극적인 목적이 어떻게 다르고, 그 능력의 정도가 어떻게 다르며, 그 결과가 어떻게 다른지를 아이들이 이해할 수 있는 말로 설명한다면, 아이들을 복음의 메시지에 보다 더 가깝게 인도할 수 있을 것이다. 적어도 환상문학 작품들을 공개적으로 불태우는 것보다는.

주

1) K. Thomson & D. Bordwell, 『세계영화사 1』(시각과 언어, 2000), p.186 참조.
2) Jack C. Ellis, 『세계 영화사』(변재란 옮김, 이론과 실천, 1998), p.275 참조.
3) Vincent Pinel et als., 『프랑스 영화』(창해, 2000), p.10 참조 알랭 레네(Alain Resnais)는 푀이야드의 영화에 대해 다음과 같이 말한다. "일반적으로, 영화에는 멜리에스의 전통과 뤼미에르의 전통이 있다고 말한다. 그러나 나는 멜리에스의 판타지와 뤼미에르의 사실주의를 훌륭하게 통합한 푀이야드의 전통 역시 존재한다고 생각한다. 푀이야드는 영원히 꺼지지 않을 또 하나의 영화적 전통을 만들어낸 선구자이다. 그는 지극히 일상적인 요소들을 가지고 신비와 꿈을 만들어낼 수 있었던 위대한 영화작가이다." 김호영, 『프랑스 영화의 이해』(연극과 인간, 2003), p.71.
4) 홍성남·유운성, 『칼 드레이어』(한나래, 2003), pp.29, 56-58, 96 참조.
5) Kathryn Hume, *Fantasy and Mimesis*(New York & London : Methuen, 1984), p.6 참조. 아리스토텔레스의 미메시스론과 근대의 자연주의와 사실주의의 관계에 대해서는 다음을 참조할 것. Raman Selden, *The Theory of Criticism*(Harlow : Longman, 1988), p.41.
6) Kathryn Hume, 앞의 책, p.7 참조.
7) Jerome Stolnitz, 『미학과 비평철학』(오병남 옮김, 이론과 실천, 1999), p.119 참조.
8) Astradur Eysteinsson, 『모더니즘 문학론』(임옥희 옮김, 현대미학사, 1996), pp.227-228 참조.
9) Astradur Eysteinsson, 앞의 책, p.225 참조.
10) Tzvetan Todorov, *Introduction à la littérature fantastique*(Paris : Seuil, 1970), pp.30-31 참조.
11) Tzvetan Todorov, 앞의 책, pp.37-38.
12) Tzvetan Todorov, 앞의 책, p.65 참조.
13) Rosemary Jackson, 『환상성』(서강여성문학연구회 옮김, 문학동네, 2001), p.16 참조.

14) Kathryn Hume, 앞의 책, p.20 참조.

15) Kathryn Hume, 앞의 책, p.21.

16) John Clute & John Grant, *The Encyclopedia of Fantasy*(New York : St. Martin's Griffin, 1999). 'fantastic'에 대해서는 이 책의 p. 335를, 'fantasy'에 대해서는 pp.337-339를 참조.

17) 톨킨의 삶에 대해서는 다음의 문헌들을 참조할 것. Joseph Pearce, 『톨킨 : 인간과 신화』(김근주·이봉진 옮김, 자음과 모음, 2001). ; Andrew Blake, 『30분에 읽는 톨킨』(강주헌 옮김, 중앙 M&B, 2003). ; Michael White, 『톨킨 : 판타지의 제왕』(김승욱 옮김, 작가정신, 2003).

18) C.S. Lewis, *Surprised by Joy : The Shape of My Early Life*(New York : Harcourt Brace & Company, 1955), p.216.

19) Humphrey Carpenter, *J.R.R. Tolkien : A Biography*(New York : Houghton Mifflin, 2000), p.97 참조.

20) 톨킨의 방대한 유고(遺稿)는 크리스토퍼 톨킨이 편집한『중간계의 역사 *The History of Middle-Earth*』(전 12권)로 출간되었다.

21) Humphrey Carpenter, 앞의 책, p.98 참조.

22) Tom Shippey, *J.R.R. Tolkien : Author of the Century*(New York : Houghton Mifflin, 2003), p.262 참조.

23) Humphrey Carpenter, 앞의 책, p.54 참조.

24) Tom Shippey, 앞의 책, p.259 참조.

25) 이에 대해서는 Tom Shippey, 앞의 책, p.256 이하 참조.

26) Colin Duriez, *The Tolkien Handbook*(Grand Rapids : Baker Books, 2002), p.184 참조.

27) 『산문 에다』 내용의 요약에 대해서는 안인희, 『게르만 신화 바그너 히틀러』(민음사, 2003), pp.84-87 참조.

28) 지크프리트 이야기에 대해서는 허창운 편역, 『니벨룽겐의 노래』(상·하)(서울대학교출판부, 1996) 참조.

29) Joseph Pearce, 앞의 책, p.25.

30) 『반지의 제왕』에 나타난 기독교성을 다룬 작업으로는 다음의 문헌을 참조할 것. Kurt Bruner & Jim Ware, 『이 반지가 왜 내게 왔을까 : 「반지의 제왕」에서 만난 하나님』(공경희 옮김, 두란노, 2002). ; Mark Eddy Smith, *Ordinary Virtues. Exploring the Spiritual Themes of the Lord of the Rings*(Downers Grove : IVP, 2002). ; Ralph C. Wood, *The Gospel According to Tolkien*(Louisville/London :

Westminster John Knox Press, 2003).

31) C.S. 루이스의 삶과 작품에 대해서는 다음의 문헌들을 참조할 것. C.S. Lewis, *Surprised by Joy : The Shape of My Early Life* (New York : Harcourt Brace & Company, 1955), 이 책은 우리말로 번역되었다. 『예기치 못한 기쁨』(강유나 옮김, 홍성사, 2003). ; Clyde S. Kilby, 『C.S. 루이스의 기독교 세계』(양혜원 옮김, 예영커뮤니케이션, 1999). ; Catherine Swift, 『순결한 영혼의 순례자 C.S. 루이스』(차창모 옮김, 기독신문사, 2001). ; Perry C. Bramlett, 『작은 그리스도 C.S. 루이스』(강주헌 옮김, 엔크리스토, 2002). ; David C. Downing, 『반항적인 회심자 C.S. 루이스』(강주헌 옮김, IVP, 2003).

32) C.S. Lewis, *Surprised by Joy : The Shape of My Early Life*, op. cit., p.21.

33) C.S. Lewis, *The Pilgrim's Regress*(Grand Rapids : Eerdmans, 1992), p.200.

34) David C. Downing, 앞의 책, pp.145-146 참조.

35) C.S. Lewis, *Surprised by Joy : The Shape of My Early Life*, op. cit., p.223.

36) C.S. Lewis, 앞의 책, pp.228-229 참조.

37) Humphrey Carpenter, 앞의 책, p.151.

38) Humphrey Carpenter, 앞의 책, pp.151-152 참조.

39) C.S. Lewis, 앞의 책, p.181.

40) Rolland Hein, *Christian Mythmakers*(Chicago : Connerstone Press, 1998), p.204 참조.

41) Walter Hooper, *C.S. Lewis : A Companion & Guide*(New York : HarperCollins, 1996), p.424 참조.

42) Walter Hooper, 앞의 책, p.425.

43) 이는 루이스가 1961년 앤(Anne)에게 보낸 편지 속에 들어있는 내용이다. Walter Hooper, 앞의 책, pp.425-426 참조.

44) C.S. Lewis, *An Experiment in Criticism*(Cambridge : Cambridge University Press, 1999), pp.57-60 참조.

45) C.S. Lewis, 앞의 책, pp.67-68.

46) 조앤 롤링의 삶에 대해서는 다음의 문헌을 참조할 것. Sean Smith, 『해리포터 성공 판타지』(이은정 옮김, 문예당, 2001). ; Marc Sapiro, 『조앤 K. 롤링 : 해리포터를 키운 마법사』(성귀

수 옮김, 문학수첩 리틀북스, 2002). ; Andrew Blake, 『해리 포터, 청바지를 입은 마법사』(이택광 옮김, 이후, 2002).

47) 서양의 연금술은 아리스토텔레스 사상에 토대를 둔 것으로서, 연금술사들은 비금속(卑金屬)을 귀금속(貴金屬)으로 바꿀 수 있다고 믿었다. 비금속을 금으로 만드는 데 필요한 돌(촉매 역할)이 바로 '현자의 돌'이다.

48) Stephen Dollins, *Under the Spell of Harry Potter*(Topeka : The Prophecy Club, 2001), p.12.

49) Francis Bridger, *A Charmed Life : The Spirituality of Potterworld*(New York : Image Books, 2002).

50) Connie Neal, *The Gospel According to Harry Potter : Spirituality in the Stories of the World's Most Famous Seeker*(Louisville : Westminster John Knox Press, 2002) ; Connie Neal, *What's a Christian to do with Harry Potter*(Colorado : WaterBrook Press, 2002).

51) Richard Abanes, *Fantasy and Your Family : Exploring The Lord of the Rings, Harry Potter and Modern Magick*(Pennsylvania : Christian Publications, 2002). ; Richard Abanes, *Harry Potter and the Bible* (Pennsylvania : Horizon Books, 2001).

52) Francis A. Schaeffer, "Some Perspectives on Art"(Leland Ryken, *Culture in Christian Perspective,* Portland : Multnomah Press, 1986), p.46에서 재인용.

53) Timothy Dudley-Smith, 『탁월한 복음주의 지도자 존 스토트』(정목배 외 옮김, IVP, 1999), p.317 참조.

54) G. K. Chesterton, *Orthodoxy in Collected Works* vol. I(San Francisco : Ignatius, 1986), p.253.

55) Bruno Bettelheim, 『옛이야기의 매력 1』(시공사, 2000), p.86.

56) Colin Duriez, "The Romantic Writer : Lewis's Theology of Fantasy"(David Mills ed., *The Pilgrim's Guide*, Grand Rapids : Eerdmans, 1998), p.107 참조.

57) Stephen M. Smith, "Awakening from the Enchantment of Worldliness : The Chronicles of Narnia as Pre-Apologetics"(David Mills ed., 앞의 책), p.168.

58) Terry Brooks et als., *The Writer's Complete Fantasy Reference*(Cincinnati : Writer's Digest Books, 2001), p.122.

참고문헌

1. 환상예술, 환상문학, 판타지 전반

복거일, 『세계환상소설사전』, 김영사, 2002.

최기숙, 『환상』, 연세대학교출판부, 2003.

David Pringle ed., *The Ultimate Encyclopedia of Fantasy,* New York : The Overlook Press, 1998.

Eric C. Rabkin, *The Fantastic in Literature,* Princeton : Princeton University Press, 1977.

Jean-Louis Leutrat, 김경은·오일환 옮김, 『영화의 환상성』, 동문선, 2002.

John Clute & John Grant, *The Encyclopedia of Fantasy,* New York : St Martin's Griffin, 1999.

Kathryn Hume, *Fantasy and Mimesis,* New York & London : Methuen, 1984. 한창엽 옮김, 『환상과 미메시스』, 푸른나무, 2000.

Roger C. Schlobin ed., *The Aesthetics of Fantasy and Art,* Brighton : The Harvest Press, 1882.

Rolland Hein, *Christian Mythmakers,* Chicago : Connerstone Press, 1998.

Rosemary Jackson, 서강여성문학연구회 옮김, 『환상성』, 문학동네, 2001.

Terry Brooks et als., *The Writer's Complete Fantasy Reference,* Cincinnati : Writer's Digest Books, 2001. 김효명 옮김, 『판타지 레퍼런스』, 들녘, 2002.

Tzvetan Todorov, *Introduction à la littérature fantastique,* Paris : Seuil, 1970.

2. 톨킨

Andrew Blake, 강주헌 옮김, 『30분에 읽는 톨킨』, 중앙 M&B,

2003.

Colin Duriez, *The Tolkien Handbook,* Grand Rapids : Baker Books, 2002.

David Day, 김보원·이시영 옮김,『톨킨 백과사전』, 해나무, 2002.

Gregory Bassham & Eric Bronson ed., *The Lord of the Rings and Philosophy,* Chicago and La Salle : Open Book, 2003.

Humphrey Carpenter, *J.R.R. Tolkien : A Biography,* New York : Houghton Mifflin, 2000.

Isabelle Smadja, 김현아 옮김,『반지의 제왕, 혹은 악의 유혹』, 씨앗을 뿌리는 사람, 2003.

J.R.R. Tolkien, *The Lord of the Rings,* London : HapperCollins, 1995. (우리말『반지의 제왕』은 현재 '황금가지'와 '씨앗을 뿌리는 사람' 등의 출판사에서 역간되어 있다.)

J.R.R. Tolkien, *The Silmarillion,* New York : Ballantine Books, 1990.

J.R.R. Tolkien, *The Tolkien Reader,* New York : Ballantine Books, 1966.

Joseph Pearce, 김근주·이봉진 옮김,『톨킨 : 인간과 신화』, 자음과 모음, 2001.

Kurt Bruner & Jim Ware, 공경희 옮김,『이 반지가 왜 내게 왔을까 : 「반지의 제왕」에서 만난 하나님』, 두란노, 2002.

Mark Eddy Smith, *Ordinary Virtues : Exploring the Spiritual Themes of the Lord of the Rings,* Downers Grove : IVP, 2002.

Michael White, 김승욱 옮김,『톨킨 : 판타지의 제왕』, 작가정신, 2003.

Ralph C. Wood, *The Gospel According to Tolkien,* Louisville/London : Westminster John Knox Press, 2003.

Tom Shippey, *J.R.R. Tolkien : Author of the Century*, New York : Houghton Mifflin, 2003.

3. 루이스

C.S. Lewis, *An Experiment in Criticism,* Cambridge : Cambridge

University Press, 1999.

C.S. Lewis, *Surprised by Joy : The Shape of My Early Life,* New York : Harcourt Brace & Company, 1955. 강유나 옮김,『예기치 못한 기쁨』, 홍성사, 2003.

C.S. Lewis, *The Chronicles of Narnia,* New York : HarperCollins Publishers, 1994. (이 책은『나니아 나라 이야기』1권에서 7권까지 '시공주니어'에서 번역되어 있다.)

C.S. Lewis, *The Pilgrim's Regress,* Grand Rapids : Eerdmans, 1992.

Catherine Swift, 차창모 옮김,『순결한 영혼의 순례자 C.S. 루이스』, 기독신문사, 2001.

Clyde S. Kilby, 양혜원 옮김,『C.S. 루이스의 기독교 세계』, 예영 커뮤니케이션, 1999.

David C. Downing, 강주헌 옮김,『반항적인 회심자 C.S. 루이스』, IVP, 2003.

David Mills ed., *The Pilgrim's Guide,* Grand Rapids : Eerdmans, 1998.

Jefferey D. Schultz & John G. West Jr., *The C.S. Lewis Readers' Encyclopedia,* Gand Rapids : Zondervan, 1998.

Perry C. Bramlett, 강주헌 옮김,『작은 그리스도 C.S. 루이스』, 엔 크리스토, 2002.

Walter Hooper, *C.S. Lewis : A Companion & Guide,* New York : HarperCollins, 1996.

4. 롤링

나나에 시즈카, 김소운 옮김,『해리포터 마법 가이드북』, 북박스, 2002.

후유키 료코, 홍영의 옮김,『해리 포터로 읽는 전설의 유럽 마법』, 혜림 커뮤니케이션, 2002.

Andrew Blake, 이택광 옮김,『해리 포터, 청바지를 입은 마법사』, 이후, 2002.

Connie Neal, *The Gospel According to Harry Potter : Spirituality in the*

Stories of the World's Most Famous Seeker, Louisville : Westminster John Knox Press, 2002.

Connie Neal, *What's a Christian to do with Harry Potter,* Colorado : WaterBrook Press, 2002.

Francis Bridger, *A Charmed Life : The Spirituality of Potterworld,* New York : Image Books, 2002.

J.K. Rowling, *Harry Potter,* Bloomsbury. (『해리 포터』 시리즈는 현재 5권까지 발간되어 있고 '문학수첩'에서 역간.)

John Houghton, *A Closer Look at Harry Potter,* Eastbourne : Kingsway Publication, 2002.

Marc Sapiro, 성귀수 옮김,『조앤 K. 롤링 : 해리포터를 키운 마법사』, 문학수첩 리틀북스, 2002.

Richard Abanes, *Fantasy and Your Family: Exploring The Lord of the Rings, Harry Potter, and Modern Magick,* Pennsylvania : Christian Publications, 2002.

Richard Abanes, *Harry Potter and the Bible,* Pennsylvania : Horizon Books, 2001.

Sean Smith, 이은정 옮김,『해리포터 성공 판타지』, 문예당, 2001.

Stephen Dollins, *Under the Spell of Harry Potter,* Topeka : The Prophecy Club, 2001.

판타지 톨킨, 루이스, 롤링의 환상 세계와 기독교

펴낸날	초판 1쇄 2003년 12월 25일
	초판 6쇄 2014년 3월 28일

지은이	송태현
펴낸이	심만수
펴낸곳	(주)살림출판사
출판등록	1989년 11월 1일 제9-210호

주소	경기도 파주시 광인사길 30
전화	031-955-1350　팩스 031-624-1356
기획·편집	031-955-4662
홈페이지	http://www.sallimbooks.com
이메일	book@sallimbooks.com

ISBN	978-89-522-0175-1　04080

376 좋은 문장 나쁜 문장 `eBook`

송준호(우석대 문예창작학과 교수)

어떻게 좋은 문장을 쓸 수 있을 것인가? 우선 좋은 문장이 무엇이고 그렇지 못한 문장은 무엇인지 알아야 할 것이다. 대학에서 글쓰기 강의를 오랫동안 해 온 저자가 수업을 통해 얻은 풍부한 사례를 바탕으로 문장교육을 제대로 받지 못한 독자들에게 좋은 문장으로 가는 길을 제시하고 있다.

051 알베르 카뮈 `eBook`

유기환(한국외대 불어과 교수)

알제리에서 태어난 프랑스인, 파리의 이방인 알베르 카뮈에 대한 충실한 입문서. 프랑스 지성계에 혜성처럼 등장한 카뮈의 목소리는 늘 찬사와 소외를 동시에 불러왔다. 그 찬사와 소외의 이유, 그리고 카뮈의 문학, 사상, 인생의 이해와, 아울러 실존주의, 마르크스주의 등 20세기를 장식한 거대담론의 이해를 돕는 책.

052 프란츠 카프카 `eBook`

편영수(전주대 독문과 교수)

난해한 글쓰기와 상상력으로 문학사에 커다란 발자취를 남긴 카프카에 관한 평전. 잠언에서 중편 소설 「변신」 그리고 장편 소설 『실종자』와 『소송』 그리고 『성』에 이르기까지 카프카의 거의 모든 작품에 대한 해석을 담고 있다. 또한 이 책은 카프카의 잠언과 노자의 핵심어인 도(道)의 연관성을 추적하는 등 새로운 관점도 보여 준다.

271 김수영, 혹은 시적 양심 `eBook`

이은정(한신대 교양학부 교수)

힘과 새로움으로 가득 차 있는 김수영의 시 세계. 그 힘과 새로움의 근원을 알아보고 지금까지와는 다른 새로운 독법으로 그의 시 세계를 살펴본다. 그와 그의 시에 대해 깊은 애정을 가진 저자는 김수영의 이해를 위한 충실한 안내자 역할을 자처한다. 김수영의 시 세계를 향해 한 발 더 들어가 보고자 하는 독자들에게 유익한 책이다.

369 도스토예프스키 eBook

박영은(한양대학교 HK 연구교수)

『카라마조프가의 형제들』과 『죄와 벌』로 유명한 러시아의 대문호 도스토예프스키. 그의 작품에 등장하는 생생한 인물들은 모두 그의 힘들었던 삶의 경험과 맞닿아 있다. 한 편의 소설 같은 삶을 살았으며, 삶이 곧 소설이었던 작가 도스토예프스키의 생의 한가운데 서서 그 질곡과 영광의 순간이 작품에 어떻게 드러나는지를 살펴본다.

245 사르트르 참여문학론 eBook

변광배(한국외대 불어과 강사)

사르트르의 『문학이란 무엇인가』에서 전개된 참여문학론을 소개하면서 억압받는 자들을 위한다는 기치를 높이 들었던 참여문학론의 의미를 성찰한다. 참여문학론의 핵심을 이루는 타자를 위한 문학은 자기 구원의 메커니즘에 문제가 생겼을 때 이 문제를 해결하고, 그 메커니즘을 보충하는 이차적이고도 보조적인 문학론이라고 말한다.

338 번역이란 무엇인가 eBook

이향(통역사)

번역에 대한 관심이 날로 늘어 가고 있다. 추상적이거나 어렵게 느껴지는 번역 이론서들, 그리고 쉽게 읽히지만 번역의 전체 그림을 바라보기에는 부족하게 느껴지는 후일담들 사이에 다리를 놓는 이 책은 번역의 이론과 실제를 동시에 접하여 번역의 큰 그림을 그리고자 하는 독자들에게 안성맞춤이다.

446 갈매나무의 시인, 백석 eBook

이숭원(서울여대 국문과 교수)

남북분단 이후 북에 남았지만, 그를 기리는 많은 이들의 노력으로 백석은 현재 우리나라에서 가장 주목받는 시인 중 한 사람이다. 이 책은 시인을 이해하는 많은 방법 중 '작품'을 통해 다가가기를 선택한 결과물이다. 음식 냄새 가득한 큰집의 정경에서부터 '흰 바람벽'이 오가던 낯선 땅 어느 골방에 이르기까지, 굳이 시인의 이력을 들춰보지 않더라도 그의 발자취가 충분히 또렷하다.

053 버지니아 울프 살아남은 여성 예술가의 초상 `eBook`

김희정(서울시립대 강의전담교수)

자신만의 독창적인 글쓰기 방식을 남기고 여성작가로 살아남는다는 것이 어떤 의미를 갖는지를 보여 준 버지니아 울프와 그녀의 작품세계에 관한 평전. 작가의 생애와 작품이 어우러지는 지점들을 추적하는 방식으로, 모더니즘 기법으로 치장된 울프의 언어 저변에 숨겨진 '여자이기에' 쉽게 동감할 수 있는 메시지들을 해명한다.

018 추리소설의 세계

정규웅(전 중앙일보 문화부장)

추리소설의 역사는 오이디푸스 이야기까지 거슬러 올라간다. 저자는 고전적 정통 기법에서부터 탐정의 시대를 지나 현대에 이르기까지 추리소설의 역사와 계보를 많은 사례를 들어 재미있게 설명하고 있다. 추리소설의 'A에서 Z까지', 누구나 그 추리의 세계로 쉽게 빠져들게 하는 책이다.

199 디지털 게임 스토리텔링 `eBook`

한혜원(이화여대 디지털미디어학부 교수)

디지털 시대의 새로운 이야기 양식을 소개한 책. 디지털 패러다임의 중심부에 게임이 있다. 이 책은 디지털 게임의 메커니즘을 이야기 진화의 한 단계로서 설명한다. 게임의 역사에 있어서 중요한 패러다임의 변화, 게임이라는 새로운 지평에서 펼쳐지는 새로운 이야기 양식에 대한 분석 등이 흥미롭게 소개된다.

326 SF의 법칙

고장원(CJ미디어 콘텐츠개발국 국장)

과학의 시대다. 소설은 물론이거니와 영화, 애니메이션, 만화, 게임 등 온갖 형태의 콘텐츠가 SF 장르에 손대고 있다. 하지만 SF 콘텐츠가 각광을 받고 있는 것에 비해 이 장르에 대한 깊이 있는 이해를 도울 만한 마땅한 가이드북이 존재하지 않는다. 이 책은 이러한 아쉬움을 채워주기 위한 작은 출발점이 될 것이다.

eBook 표시가 되어있는 도서는 전자책으로 구매가 가능합니다.

㈜살림출판사
www.sallimbooks.com
주소 경기도 파주시 문발동 522-1 | 전화 031-955-1350 | 팩스 031-955-1355